chemie spielend lernen

Chemie – 8. bis 10. Klasse
Kopiervorlagen für Spiele

von:
Siegfried Abberger
Harald Daumke
Thomas Zahn

Herausgeber:
Hartmut Scheible

Ernst Klett Verlag
Stuttgart Düsseldorf Leipzig

Bildnachweis
S. 39: Elektro Thermit GmbH, Berlin; Mauritius (Superstock), Stuttgart; WMF AG, Geislingen; Mauritius (Rawi); Krupp Stahl AG, Bochum; dpa.
Alle übrigen Abbildungen stammen aus dem Archiv des Ernst Klett Verlages.

Gedruckt auf Recyclingpapier,
hergestellt aus 100% Altpapier

1. Auflage A 1 5 4 3 2 1 | 2005 2004 2003 2002 2001

Alle Drucke dieser Auflage können im Unterricht nebeneinander benutzt werden, sie sind untereinander unverändert.
Die letzte Zahl bezeichnet das Jahr dieses Druckes.

Internetadresse: http://www.klett-verlag.de

Grafiken: Herder Verlag GmbH, Freiburg; Schrödel Verlag GmbH, Hannover; Verlag Moritz Diesterweg, Frankfurt; Verlag Volk und Wissen GmbH, Berlin

Umschlaggestaltung: Elke Müller, Schwäbisch Hall

Repro: Meyle und Müller GmbH, Pforzheim
Druck: Druckhaus Götz GmbH, Ludwigsburg

ISBN 3-12-722835-X

9 783127 228359

Inhaltsverzeichnis

Vorwort

Sie haben dieses Heft CHEMIE SPIELEND LERNEN vermutlich in die Hand genommen, um spielerische Elemente in den Chemieunterricht hineinzutragen. Wünsche und Erwartungen an ein solches Heft können dabei sehr vielfältig sein. Spätestens nach einem ersten Durchblättern der Kopiervorlagen wird bei Ihnen sicher die eine oder andere Frage auftauchen. Wir „Spielemacher“ wollen auf einige Fragen eingehen, die Sie an uns stellen könnten.

- **Sind Lernspiele in Chemie überhaupt sinnvoll?**
  Argumente pro und contra Lernspiele sind schon in vielen Diskussionen und Veröffentlichungen ausgetauscht worden. Man könnte dabei fast den Eindruck gewinnen, als handele es sich um ideologische Auseinandersetzungen und Einstellungen: Nichtspieler schließen oft fälschlicherweise von sich auf andere und Spielefans meinen, nur im Spiel könne sich der Mensch frei und optimal entfalten. Deshalb halten wir es für müßig, sich derartigen Grundsatzdiskussionen anzuschließen. Eines jedoch ist sicher richtig: Lernspiele vergrößern die Medienvielfalt im Unterricht. Man darf aber von ihnen keine Wunder erwarten. Dadurch, dass Freude und Lust am Spiel zur Hauptmotivation werden, können Schranken und Vorurteile gegenüber einer Fachdisziplin besser überwunden werden. Man sollte jedoch stets bedenken: „Spielen unter Zwang“ ist ein Widerspruch in sich selbst. Wer sich für Chemiespiele interessiert, wird kaum gravierende Vorbehalte gegen sie anmelden. Falls Sie aber doch zu den Skeptikern gehören, raten wir, unsere Spiele einfach einmal in der Praxis zu testen. Nur so sehen wir eine Chance, Sie davon zu überzeugen, dass Chemiespiele nicht nur unterhaltsam sind, sondern auch zumindest zu einer unverkrampfteren Beschäftigung mit chemischen Fragen beitragen.
- **Für welche Personengruppen sind diese Chemiespiele gedacht?**
  Ob Sie als Lehrerin oder Lehrer für das Fach Chemie nach methodischen Alternativen zum herkömmlichen Chemieunterricht suchen, ob Sie sich als spielbegeisterter Nichtchemiker nur einmal informieren wollen, wie und ob überhaupt „Chemie gespielt“ werden kann, oder ob Sie zu den „Außerschulischen“ gehören, die für ihre Kinder oder Jugendgruppen „unübliche“ Spiele wünschen: für sie alle und insbesondere für Chemielehrerinnen und -lehrer haben wird diese Spiele konzipiert!
- **Sind Inhalte und Ziele didaktisch wertvoll?**
  Unser Autorenteam setzt sich aus Fachdidaktikern zusammen, die über eine lange Berufserfahrung verfügen. Wir waren bemüht, im Wesentlichen solche Inhalte, Ziele sowie naturwissenschaftliche Denk-und Arbeitsmethoden spielerisch aufzubereiten, die als Grundpfeiler der Chemie in der Sekundarstufe I beziehungweise bis zur Klassenstufe 11 an Gymnasien gelten und denen ein relativ hoher Transferwert zukommt. Dabei haben wir speziell solche Bereiche berücksichtigt, die besonders häufig als fachliche Defizite bei Schülerinnen und Schülern zu beobachten sind.
  Spielen in wechselnden Gruppen, ständige spielinterne Anregung zu umgangs- und fachsprachlicher Kommunikation, Kontrollfunktionen für jeden Mitspieler, Glücksfaktoren, klare, prägnante und fachlich vertretbare Textformulierungen und die Möglichkeit, sich auch im Umgang mit „Chemie“ emotional äußern zu können, gehören zu den unabdingbaren Rahmenbedingungen unserer Spiele. Mit dem Hinweis „Empfehlungen zu Spielregeln und Spielverlauf“ sollen alle am Spiel Beteiligten ermutigt werden, nicht nur Änderungen der Regeln vorzunehmen, sondern auch inhaltliche Ergänzungen durch Hinzunahme von weiteren Karten einzubringen.

- **Wie groß ist der Freizeitwert der Spiele?**
Jedes Spiel ist so konzipiert, dass Fehler sofort durch eines der Gruppenmitglieder korrigiert werden können beziehungsweise müssen. Kontrollmaterial und Kontrollfunktionen sind integrative Bestandteile der Spiele. Aus diesem Grund werden „Schiedsrichter“ oder „Lehrer“ für einen sachlich korrekten Verlauf entbehrlich. Dies ermöglicht auch den Einsatz unserer Chemiespiele in der Freizeit, wie zum Beispiel bei Geburtstagen, Jugendtreffs oder in Schullandheimen. Wie oft und gern beschäftigen sich Jugendliche beispielsweise mit TRIVIAL PERSUIT oder SPIEL DES WISSENS! Warum sollte es ihnen nicht ebenso Spaß machen, außerhalb der Schule auch mit chemischem Wissen zu glänzen?
- **Ist die Gestaltung des Kartenmaterials ansprechend?**
Die Texte auf den Spielkarten sollen gut lesbar, klar strukturiert, leicht verständlich und fachlich korrekt sein. Andererseits sind der Textgestaltung durch die für Spielkarten üblichen Maße Grenzen gesetzt. Bei textintensiveren Spielen mussten wir daher um der Prägnanz willen auf grafische Gestaltungselemente weitgehend verzichten. Das Heft konnte nicht farbig gestaltet werden, weil in der Praxis Schwarzweißkopien angefertigt werden sollten. Erfahrungsgemäß sind aber viele Spielerinnen und Spieler (in den Spielanleitungen und -regeln wird nur die männliche Form benutzt) begeistert, wenn sie selbst vor dem Laminieren die Karten bunt gestalten dürfen.
- **Mit welchem Aufwand ist das spielfertige Material herzustellen?**
Ein wichtiges Anliegen ist es, mit diesem Heft Kopiervorlagen in einer Form zur Verfügung zu stellen, die es erlaubt, das komplette Spielmaterial durch ein einfaches direktes Kopieren auf weißes oder farbiges Papier (Karton) zugänglich zu machen. Zusätzliche Vergrößerungen, Collagen oder Textveränderungen entfallen. Das bedeutet für den Anwender nicht nur eine Kostenersparnis, sondern auch eine erhebliche Reduzierung des zeitlichen Aufwandes. Davon unberührt bleiben individuell gewünschte zusätzliche Aktivitäten, die auf eine Verbesserung der Attraktivität hinzielen. Die Kopien sollten dann noch vor dem Zuschnitt laminiert werden.
- **Wer sind die Autoren der einzelnen Spiele?**
„Lücken mit und ohne Tücken“, ein Quartettspiel zu ausgewählten Themen der Chemie, wurde von Hartmut Scheible konzipiert und zusammen mit Siegfried Abberger inhaltlich ausgestaltet. „Gut gefragt ist halb gewonnen“ und „Such den Nachbarn“, zwei Spiele zu Zusammenhängen im Periodensystem, wurden von Thomas Zahn entworfen und erprobt. Das quizartige Spiel „Drei für eins“ zu Stoffen, Formeln und experimentellen Methoden, das Wettspiel „Party- und Stammtisch-Chemie“ sowie das Brettspiel „Rallye durch das Periodensystem" sind von Hartmut Scheible entwickelt worden. „Ab in den Auspuff“, ein Würfel-Kartenspiel zu Verkehr und Umwelt, ist ein gemeinsames Produkt von Hartmut Scheible, Thomas Zahn, Siegfried Abberger und Harald Daumke. Das memoryartige Spiel „Chemory“ zu Auswertungen gängiger Schulversuche und „Kein Geheimnis“, ein Zuordnungsspiel von Stoffnamen und Formeln, sind in Zusammenarbeit von Hartmut Scheible mit Harald Daumke entstanden.
Ein besonderer Dank gilt der Laborantin Ines Steinbach für die vielen entlastenden Dienste, Studienrätin Kerstin Unmüßig für ihr Engagement bei der Erprobung der Spiele und nicht zuletzt Redakteurin Godela Andexser für wertvolle Anregungen und Ergänzungen.

Freiburg, im Oktober 2001
Prof. Dr. Hartmut Scheible
Studienrat Thomas Zahn

Lücken mit und ohne Tücken

Spielbeschreibung:	Quartettspiel	
Fachliche Voraussetzungen	Gruppengröße	Herstellung der Quartette
Für Anfänger und Fortgeschrittene (siehe Hinweis)	4 bis 6	Vorlagen auf Karton kopieren und laminieren

Spielmaterial:

Beispiel für ein Quartett mit dem Titel „VORSTELLBAR"

VORSTELLBAR

Beim Verdunsten verlassen die <u>schnellsten</u> Wasserteilchen die Wasseroberfläche.

- In einem Metall könnten die positiv geladenen Metallionen durch ein „............" zusammengehalten werden.
- Elektronen können winzige .... geladene Kugeln sein.
- Ich werde noch ein Chemiefan!

VORSTELLBAR

Ich werde noch ein Chemiefan!

- In einem Metall könnten die positiv geladenen Metallionen durch ein „............" zusammengehalten werden.
- Beim Verdunsten verlassen die .... Wasserteilchen die Wasseroberfläche.
- Elektronen können winzige ...... geladene Kugeln sein.

VORSTELLBAR

In einem Metall könnten die positiv geladenen Metallionen durch ein „<u>Elektronengas</u>" zusammengehalten werden.

- Elektronen können winzige .... geladene Kugeln sein.
- Beim Verdunsten verlassen die .... Wasserteilchen die Wasseroberfläche.
- Ich werde noch ein Chemiefan!

VORSTELLBAR

Elektronen könnten winzige <u>negativ</u> geladene Kugeln sein.

- In einem Metall könnten die positiv geladenen Metallionen durch ein „............" zusammengehalten werden.
- Beim Verdunsten verlassen die .... Wasserteilchen die Wasseroberfläche.
- Ich werde noch ein Chemiefan!

Empfehlungen zu Spielregeln und Spielverlauf	
Vorbereitung	• Ein Gruppenmitglied mischt die Karten und verteilt sie nacheinander einzeln in Richtung des Uhrzeigersinns. Die zugeteilten Karten werden verdeckt gehalten. • Es kann eine Spieldauer festgelegt werden.
Spielverlauf **Titel** Untertitel Zum Quartett noch fehlende Untertitel mit oder ohne Lücken • .... • .... •	• Jeder Spieler ordnet zunächst seine Karten nach „Titeln" und stellt fest, welche Untertitel zu einem Quartett noch fehlen. • Der Spieler, der zuletzt Geburtstag hatte, beginnt und fragt einen beliebigen Mitspieler nach einer Karte, die er zur Bildung eines Quartetts noch braucht. Außer in einigen Glücksfällen muss er dazu die Lücke in dem gewünschten Untertitel richtig ausfüllen. • Hat der Befragte diese Karte, so kann er anhand des dort komplett formulierten Untertitels überprüfen, ob der Fragende die Lücke richtig oder sinngemäß richtig ergänzt hat. • Wird die Ergänzung als richtig anerkannt, so muss die Karte dem Fragenden übergeben werden, der dann so lange ihn oder einen der übrigen Mitspieler weiterfragen darf, bis einer die Frage verneint. • Wenn der Befragte die Karte besitzt, der Fragende die Lücke aber falsch ergänzt hat, muss die Karte nach einem Hinweis auf die Fehlerhaftigkeit nicht abgegeben werden. Der Befragte darf nun selbst weiterfragen. • Es kann vereinbart werden, dass auch nach Karten eines Quartetts gefragt werden darf, von dem man keine Titelkarte auf der Hand hat, an die man sich aber gut erinnert. • Volle Quartette müssen sofort offen abgelegt werden.
Spielende Gewinner	• Alle Karten sind abgelegt oder die vereinbarte Spielzeit ist abgelaufen. Gewinner ist, wer die meisten Quartette hat. Kann aufgrund der abgelegten Quartette kein Gewinner ermittelt werden, so zählen noch die auf der Hand befindlichen Karten.
Nachbereitung	• Die Karten werden nach Quartetten sortiert wieder zurückgegeben.

Hinweis	Die Einteilung der Quartette in „Anfänger" und „Fortgeschrittene" kann nur recht oberflächlich sein. Ob der Inhalt eines Quartetts für die einzelne Spielgruppe geeignet ist, prüft und entscheidet in der Regel der Lehrer oder auch eine Schülergruppe. Kann eine Lücke in einem Untertitel aufgrund des Wissensstandes der Gruppe noch nicht ergänzt werden, so ist es durchaus möglich und sinnvoll, diese Lücke handschriftlich auszufüllen (mit Folienschreiber, falls die Karten laminiert sind) und die noch unverstandene Aussage „mitüben" zu lassen. Schüler werden dadurch gelegentlich motiviert, diese Lücke in ihrem Wissen möglichst rasch zu schließen.		
Quartette auch für Anfänger geeignet		Quartette vorwiegend für Fortgeschrittene	
Chemie kracht	Reagieren	Atome lassen sich ordnen	Mensch und Saurer Regen
Gemischt	Rein	Ausnahmen	Neutral
Gesättigt	Stoffe lassen sich ordnen	Chemie stinkt	Regeln
Gleich	Unerwartet	Erstaunlich	Saurer Regen
Hart	Unsichtbar	Geben oder nehmen	Stark
Ja oder Nein	Vereinbart	Gegensätzlich	Symbole
Luft oder Sauerstoff	Verschwinden	Gesucht im PSE	Unbeteiligt
		Laugen	Unvorstellbar
		Mehrdeutig	Vorstellbar

Quartette für Anfänger

Für einen Spielsatz einmal kopieren.

<u>Knallgas</u>probe positiv: Hinweis auf ein explosives Wasserstoff-Luft (Sauerstoff)-Gemisch.

- Chemie ist nicht nur, wenn es stinkt und kracht!
- Explosionen sind sehr schnell ablaufende, stark .... Reaktionen.
- Benzindampf-Luft (Sauerstoff)-Gemisch kann ....!

Chemie ist nicht nur, wenn es stinkt und kracht!

- ....probe positiv: Hinweis auf ein explosives Wasserstoff-Luft (Sauerstoff)-Gemisch.
- Explosionen sind sehr schnell ablaufende, stark .... Reaktionen.
- Benzindampf-Luft (Sauerstoff)-Gemisch kann ....!

CHEMIE KRACHT

Explosionen sind sehr schnell ablaufende, stark exotherme Reaktionen.

- Chemie ist nicht nur, wenn es stinkt und kracht!
- ....probe positiv: Hinweis auf ein explosives Wasserstoff-Luft (Sauerstoff)- Gemisch.
- Benzindampf-Luft (Sauerstoff)-Gemisch kann ....!

CHEMIE KRACHT

Benzindampf-Luft (Sauerstoff)-Gemisch kann explodieren!

- Chemie ist nicht nur, wenn es stinkt und kracht!
- Explosionen sind sehr schnell ablaufende, stark .... Reaktionen.
- ....probe positiv: Hinweis auf ein explosives Wasserstoff-Luft (Sauerstoff)- Gemisch.

GEMISCHT

Gleiche Anzahl gelöster Teilchen in gleichen Volumina bedeutet gleich konzentriert.

- Diffusion: Stoffe mischen sich ....
- Gemisch: Die kleinsten Teilchen der gemischten Stoffe liegen .... vor.
- Homogene Gemische sind von .... oft schwer zu unterscheiden.

GEMISCHT

Diffusion: Stoffe mischen sich selbstständig.

- Gleiche Anzahl gelöster Teilchen in gleichen Volumina bedeutet ...... konzentriert.
- Gemisch: Die kleinsten Teilchen der gemischten Stoffe liegen .... vor.
- Homogene Gemische sind von .... oft schwer zu unterscheiden.

GEMISCHT

Gemisch: Die kleinsten Teilchen der gemischten Stoffe liegen unverändert vor.

- Diffusion: Stoffe mischen sich ....
- Gleiche Anzahl gelöster Teilchen in gleichen Volumina bedeutet ...... konzentriert.
- Homogene Gemische sind von .... oft schwer zu unterscheiden.

GEMISCHT

Homogene Gemische sind von Reinstoffen oft schwer zu unterscheiden.

- Diffusion: Stoffe mischen sich ....
- Gemisch: Die kleinsten Teilchen der gemischten Stoffe liegen .... vor.
- Gleiche Anzahl gelöster Teilchen in gleichen Volumina bedeutet ...... konzentriert.

GESÄTTIGT

In einer gesättigten Salzlösung kann kein weiteres Salz mehr gelöst werden.

- Ich zeige mich umso eher gesättigt, je weniger ich die Speise mag.
- Kohlenstoffmonooxid kann noch weiter mit .... reagieren.
- Luft kann bei .... Temperatur mehr gasförmiges Wasser aufnehmen.

GESÄTTIGT

Ich zeige mich umso eher gesättigt, je weniger ich die Speise mag.

- In einer gesättigten Salzlösung kann kein weiteres .... mehr gelöst werden.
- Kohlenstoffmonooxid kann noch weiter mit .... reagieren.
- Luft kann bei .... Temperatur mehr gasförmiges Wasser aufnehmen.

GESÄTTIGT

Kohlenstoffmonooxid kann noch weiter mit Sauerstoff reagieren.

- Ich zeige mich umso eher gesättigt, je weniger ich die Speise mag.
- In einer gesättigten Salzlösung kann kein weiteres .... mehr gelöst werden.
- Luft kann bei .... Temperatur mehr gasförmiges Wasser aufnehmen.

GESÄTTIGT

Luft kann bei höherer Temperatur mehr gasförmiges Wasser aufnehmen.

- Ich zeige mich umso eher gesättigt, je weniger ich die Speise mag.
- Kohlenstoffmonooxid kann noch weiter mit .... reagieren.
- In einer gesättigten Salzlösung kann kein weiteres .... mehr gelöst werden.

GLEICH

Bei einer chemischen Reaktion bleibt die Gesamtmasse immer gleich.

- Nicht alles, was gleich aussieht, ist auch ....! Deshalb Vorsicht!
- .... Aluminiumatome reagieren mit gleich viel Sauerstoff wie drei Magnesiumatome.
- In den Formeln der Ausgangs- und Endstoffe müssen die ....symbole gleich sein.

GLEICH

Nicht alles, was gleich aussieht, ist auch gleich! Deshalb Vorsicht!

- Bei einer chemischen Reaktion bleibt die .... immer gleich.
- .... Aluminiumatome reagieren mit gleich viel Sauerstoff wie drei Magnesiumatome.
- In den Formeln der Ausgangs- und Endstoffe müssen die ....symbole gleich sein.

GLEICH

Zwei Aluminiumatome reagieren mit gleich viel Sauerstoff wie drei Magnesiumatome.

- Nicht alles, was gleich aussieht, ist auch ....! Deshalb Vorsicht!
- Bei einer chemischen Reaktion bleibt die .... immer gleich.
- In den Formeln der Ausgangs- und Endstoffe müssen die ....symbole gleich sein.

GLEICH

In den Formeln der Ausgangs- und Endstoffe müssen die Elementsymbole gleich sein.

- Nicht alles, was gleich aussieht, ist auch ....! Deshalb Vorsicht!
- .... Aluminiumatome reagieren mit gleich viel Sauerstoff wie drei Magnesiumatome.
- Bei einer chemischen Reaktion bleibt die .... immer gleich.

HART

Mit einem Diamanten können wir fast alle festen Stoffe ritzen.

- Hartes ...... enthält viel Calcium- und Magnesiumionen.
- Durch Ritzversuche erhält man eine .....skala.
- Je mehr Seife man zur Schaumbildung braucht, desto härter ist das ....

HART

Hartes Wasser enthält viel Calcium- und Magnesiumionen.

- Mit einem .... können wir fast alle festen Stoffe ritzen.
- Durch Ritzversuche erhält man eine .....skala.
- Je mehr Seife man zur Schaumbildung braucht, desto härter ist das ....

HART

Durch Ritzversuche erhält man eine Härteskala.

- Hartes ...... enthält viel Calcium- und Magnesiumionen.
- Mit einem .... können wir fast alle festen Stoffe ritzen.
- Je mehr Seife man zur Schaumbildung braucht, desto härter ist das ....

HART

Je mehr Seife man zur Schaumbildung braucht, desto härter ist das Wasser.

- Hartes ...... enthält viel Calcium- und Magnesiumionen.
- Durch Ritzversuche erhält man eine ......skala.
- Mit einem .... können wir fast alle festen Stoffe ritzen.

JA oder NEIN

Sind die Verbrennungsprodukte einer Kerze schwerer als sie selbst? Ja!

- Sind die kleinsten Teilchen eines Feststoffes in ständiger Bewegung? Ja/nein!
- Würde man bei einer Zerlegung von Graphit zu den gleichen Atomen kommen wie bei Diamant? Ja/nein!
- Macht dir dieses Quartettspiel Spaß?

JA oder NEIN

Sind die kleinsten Teilchen eines Feststoffes in ständiger Bewegung? Ja!

- Sind die Verbrennungsprodukte einer Kerze schwerer als sie selbst? Ja/nein!
- Würde man bei einer Zerlegung von Graphit zu den gleichen Atomen kommen wie bei Diamant? Ja/nein!
- Macht dir dieses Quartettspiel Spaß?

JA oder NEIN

Würde man bei einer Zerlegung von Graphit zu den gleichen Atomen kommen wie bei Diamant? Ja!

- Sind die kleinsten Teilchen eines Feststoffes in ständiger Bewegung? Ja/nein!
- Sind die Verbrennungsprodukte einer Kerze schwerer als sie selbst? Ja/nein!
- Macht dir dieses Quartettspiel Spaß?

JA oder NEIN

Macht dir dieses Quartettspiel Spaß? „Ja" oder „nein" möglich!

- Sind die kleinsten Teilchen eines Feststoffes in ständiger Bewegung? Ja/nein!
- Würde man bei einer Zerlegung von Graphit zu den gleichen Atomen kommen wie bei Diamant? Ja/nein!
- Sind die Verbrennungsprodukte einer Kerze schwerer als sie selbst? Ja/nein!

LUFT oder SAUERSTOFF

Ein glimmender Span flammt in Sauerstoff auf.

- .... löst sich in Wasser besser als ....
- .... hat eine höhere Dichte als Luft.
- „Du bist Luft für mich" könnte auch bedeuten „Ich brauche dich zum Leben".

LUFT oder SAUERSTOFF

Sauerstoff löst sich in Wasser besser als Luft.

- Ein glimmender Span flammt in .... auf.
- .... hat eine höhere Dichte als Luft.
- „Du bist Luft für mich" könnte auch bedeuten „Ich brauche dich zum Leben".

LUFT oder SAUERSTOFF

Sauerstoff hat eine höhere Dichte als Luft.

- .... löst sich in Wasser besser als ....
- Ein glimmender Span flammt in .... auf.
- „Du bist Luft für mich" könnte auch bedeuten „Ich brauche dich zum Leben".

LUFT oder SAUERSTOFF

„Du bist Luft für mich" könnte auch bedeuten „Ich brauche dich zum Leben."

- .... löst sich in Wasser besser als .....
- .... hat eine höhere Dichte als Luft.
- Ein glimmender Span flammt in .... auf.

REAGIEREN

Kochsalz löst sich in Wasser. Dieser Vorgang beruht auf keiner chemischen Reaktion.

- Kesselstein löst sich in Essig! Dieser Vorgang beruht auf ..... chemischen Reaktion.
- Wenn ich dich sehe, reagiere ich mit Kribbeln im Bauch.
- Holzkohle verglüht: Dies ist .... chemische Reaktion.

REAGIEREN

Kesselstein löst sich in Essig! Dieser Vorgang beruht auf einer chemischen Reaktion.

- Kochsalz löst sich in Wasser. Dieser Vorgang beruht auf ...... chemischen Reaktion.
- Wenn ich dich sehe, reagiere ich mit Kribbeln im Bauch.
- Holzkohle verglüht: Dies ist .... chemische Reaktion.

REAGIEREN

Wenn ich dich sehe, reagiere ich mit Kribbeln im Bauch.

- Kesselstein löst sich in Essig! Dieser Vorgang beruht auf ..... chemischen Reaktion.
- Kochsalz löst sich in Wasser. Dieser Vorgang beruht auf ...... chemischen Reaktion.
- Holzkohle verglüht: Dies ist .... chemische Reaktion.

REAGIEREN

Holzkohle verglüht: Dies ist eine chemische Reaktion.

- Kesselstein löst sich in Essig! Dieser Vorgang beruht auf ..... chemischen Reaktion.
- Wenn ich dich sehe, reagiere ich mit Kribbeln im Bauch.
- Kochsalz löst sich in Wasser. Dieser Vorgang beruht auf ...... chemischen Reaktion.

REIN

„Reine" Luft ist kein Reinstoff.

- Der Reinstoff Zucker besteht nur aus .... kleinsten Teilchen.
- Reines ....wasser darf keine unerwünschten oder unerlaubten Stoffe enthalten.
- Was für den einen „rein" bzw. „sauber" ist, kann für einen anderen „........." sein.

REIN

Der Reinstoff Zucker besteht nur aus gleichen kleinsten Teilchen.

- „Reine" Luft ist .... Reinstoff.
- Reines ....wasser darf keine unerwünschten oder unerlaubten Stoffe enthalten.
- Was für den einen „rein" bzw. „sauber" ist, kann für einen anderen „........" sein.

REIN

Reines Trinkwasser darf keine unerwünschten oder unerlaubten Stoffe enthalten.

- „Reine" Luft ist .... Reinstoff.
- Der Reinstoff Zucker besteht nur aus .... kleinsten Teilchen.
- Was für den einen „rein" bzw. „sauber" ist, kann für einen anderen „........." sein.

REIN

Was für den einen „rein" bzw. „sauber" ist, kann für einen anderen „schmutzig" sein.

- Der Reinstoff Zucker besteht nur aus .... kleinsten Teilchen.
- Reines ....wasser darf keine unerwünschten oder unerlaubten Stoffe enthalten.
- „Reine" Luft ist .... Reinstoff.

STOFFE lassen sich ORDNEN

in Reinstoffe und (homogene) Gemische,

- in elementare Stoffe und ....,
- in anorganische und .... Stoffe,
- in .... und natürliche Stoffe.

STOFFE lassen sich ORDNEN

in elementare Stoffe und Verbindungen,

- in .... und (homogene) Gemische,
- in anorganische und .... Stoffe,
- in .... und natürliche Stoffe.

STOFFE lassen sich ORDNEN

in anorganische und organische Stoffe,

- in elementare Stoffe und ....,
- in .... und (homogene) Gemische,
- in .... und natürliche Stoffe.

STOFFE lassen sich ORDNEN

in künstliche und natürliche Stoffe,

- in elementare Stoffe und ....,
- in anorganische und .... Stoffe,
- in .... und (homogene) Gemische.

UNERWARTET

50 ml Wasser und 50 ml Alkohol ergeben nur 96 ml Mischung.

- Verglühte Eisenwolle auf der Waage ist .... geworden.
- Man kann Kohlenstoffdioxidgas ähnlich wie ...... umschütten.
- Ich habe bisher fast alles gewusst!

UNERWARTET

Verglühte Eisenwolle auf der Waage ist schwerer geworden.

- 50 ml Wasser und .. ml Alkohol ergeben nur 96 ml Mischung.
- Man kann Kohlenstoffdioxidgas ähnlich wie ...... umschütten.
- Ich habe bisher fast alles gewusst!

UNERWARTET

Man kann Kohlenstoffdioxidgas ähnlich wie Wasser umschütten.

- Verglühte Eisenwolle auf der Waage ist .... geworden.
- 50 ml Wasser und .. ml Alkohol ergeben nur 96 ml Mischung.
- Ich habe bisher fast alles gewusst!

UNERWARTET

Ich habe bisher fast alles gewusst!

- Verglühte Eisenwolle auf der Waage ist .... geworden.
- Man kann Kohlenstoffdioxidgas ähnlich wie ...... umschütten.
- 50 ml Wasser und .. ml Alkohol ergeben nur 96 ml Mischung.

UNSICHTBAR

Unsichtbares können wir uns mithilfe von Modellen vorstellen.

- Unsichtbar sind die Anziehungskräfte .... den Teilchen eines Stoffes.
- Unsichtbar ist in Wasser .... Zucker.
- Im Unterschied zu vielen Stoffen können wir uns nicht unsichtbar machen!

UNSICHTBAR

Unsichtbar sind die Anziehungskräfte zwischen den Teilchen eines Stoffes.

- Unsichtbares können wir uns mithilfe von .... vorstellen.
- Unsichtbar ist in Wasser .... Zucker.
- Im Unterschied zu vielen Stoffen können wir uns nicht unsichtbar machen!

UNSICHTBAR

Unsichtbar ist in Wasser gelöster Zucker.

- Unsichtbares können wir uns mithilfe von .... vorstellen.
- Unsichtbar sind die Anziehungskräfte .... den Teilchen eines Stoffes.
- Im Unterschied zu vielen Stoffen können wir uns nicht unsichtbar machen!

UNSICHTBAR

Im Unterschied zu vielen Stoffen können wir uns nicht unsichtbar machen!

- Unsichtbares können wir uns mithilfe von .... vorstellen.
- Unsichtbar ist in Wasser .... Zucker.
- Unsichtbar sind die Anziehungskräfte .... den Teilchen eines Stoffes.

VEREINBART

Stoffe, die nur aus gleichen Atomen entstanden sind, bezeichnet man als elementare Stoffe.

- Ein Stoffgemisch enthält wenigstens zwei ....
- Eine .... muss aus verschiedenen Atomen entstanden sein.
- Unter „Verbrennung" verstehen wir eine Reaktion mit ....

VEREINBART

Ein Stoffgemisch enthält wenigstens zwei Reinstoffe.

- Stoffe, die nur aus gleichen ...... entstanden sind, bezeichnet man als elementare Stoffe.
- Eine .... muss aus verschiedenen Atomen entstanden sein.
- Unter „Verbrennung" verstehen wir eine Reaktion mit ....

VEREINBART

Eine Verbindung muss aus verschiedenen Atomen entstanden sein.

- Ein Stoffgemisch enthält wenigstens zwei ....
- Stoffe, die nur aus gleichen ...... entstanden sind, bezeichnet man als elementare Stoffe.
- Unter „Verbrennung" verstehen wir eine Reaktion mit ....

VEREINBART

Unter „Verbrennung" verstehen wir eine Reaktion mit Sauerstoff.

- Ein Stoffgemisch enthält wenigstens zwei ....
- Eine .... muss aus verschiedenen Atomen entstanden sein.
- Stoffe, die nur aus gleichen ...... entstanden sind, bezeichnet man als elementare Stoffe.

VERSCHWINDEN

Stoffe können sich nicht in nichts auflösen.

- Wenn ein Stoff sich „auflöst" verschwindet er nicht, er bildet ein homogenes ....
- Ein Stoff verschwindet scheinbar, wenn er in Lösung geht oder eine chemische .... eingeht.
- Mit einem Tinten........ reagiert Tinte zu farblosen Stoffen.

VERSCHWINDEN

Wenn ein Stoff sich „auflöst" verschwindet er nicht, er bildet ein homogenes Gemisch.

- Stoffe können sich nicht in nichts auflösen.
- Ein Stoff verschwindet scheinbar, wenn er in Lösung geht oder eine chemische .... eingeht.
- Mit einem Tinten...... reagiert Tinte zu farblosen Stoffen.

VERSCHWINDEN

Ein Stoff verschwindet scheinbar, wenn er in Lösung geht oder eine chemische Reaktion eingeht.

- Wenn ein Stoff sich „auflöst" verschwindet er nicht, er bildet ein homogenes ....
- Stoffe können sich nicht in nichts auflösen.
- Mit einem Tinten...... reagiert Tinte zu farblosen Stoffen.

VERSCHWINDEN

Mit einem Tintenkiller reagiert Tinte zu farblosen Stoffen.

- Wenn ein Stoff sich „auflöst" verschwindet er nicht, er bildet ein homogenes ....
- Ein Stoff verschwindet scheinbar, wenn er in Lösung geht oder eine chemische .... eingeht.
- Stoffe können sich nicht in nichts auflösen.

ATOME lassen sich ORDNEN

nach der Anzahl der Außenelektronen (Gruppennummer im PSE),

- nach der Anzahl der .... im Kern (Ordnungszahl im PSE),
- alphabetisch nach ihren Namen,
- nach der Anzahl der mit Elektronen besetzten Schalen (Nummer der .... im PSE).

ATOME lassen sich ORDNEN

nach der Anzahl der Protonen im Kern (Ordnungszahl im PSE),

- nach der Anzahl der ....
(Gruppennummer im PSE),
- alphabetisch nach ihren Namen,
- nach der Anzahl der mit Elektronen besetzten Schalen (Nummer der .... im PSE).

ATOME lassen sich ORDNEN

alphabetisch nach ihren Namen,

- nach der Anzahl der .... im Kern (Ordnungszahl im PSE),
- nach der Anzahl der .... (Gruppennummer im PSE),
- nach der Anzahl der mit Elektronen besetzten Schalen (Nummer der .... im PSE).

ATOME lassen sich ORDNEN

nach der Anzahl der mit Elektronen besetzten Schalen (Nummer der Periode im PSE),

- nach der Anzahl der .... im Kern (Ordnungszahl im PSE),
- alphabetisch nach ihren Namen,
- nach der Anzahl der .... (Gruppennummer im PSE).

AUSNAHMEN

Quecksilber ist als einziges Metall bei Zimmertemperatur flüssig.

- Die Dichte von ...... nimmt bei sinkender Temperatur unter 4 °C wieder ab.
- In der ersten Periode des PSE gilt die Oktett................ nicht.
- Mit Ausnahme von .... gehören die Elemente der I. Hauptgruppe zu den Alkalimetallen.

AUSNAHMEN

Die Dichte von Wasser nimmt bei sinkender Temperatur unter 4 °C wieder ab.

- .... ist als einziges Metall bei Zimmertemperatur flüssig.
- In der ersten Periode des PSE gilt die Oktett................ nicht.
- Mit Ausnahme von .... gehören die Elemente der I. Hauptgruppe zu den Alkalimetallen.

AUSNAHMEN

In der ersten Periode des PSE gilt die Oktett<u>regel</u> nicht.

- Die Dichte von ...... nimmt bei sinkender Temperatur unter 4 °C wieder ab.
- .... ist als einziges Metall bei Zimmertemperatur flüssig.
- Mit Ausnahme von .... gehören die Elemente der I. Hauptgruppe zu den Alkalimetallen.

AUSNAHMEN

Mit Ausnahme von <u>Wasserstoff</u> gehören die Elemente der I. Hauptgruppe zu den Alkalimetallen.

- Die Dichte von ...... nimmt bei sinkender Temperatur unter 4 °C wieder ab.
- In der ersten Periode des PSE gilt die Oktett................ nicht.
- .... ist als einziges Metall bei Zimmertemperatur flüssig.

CHEMIE STINKT

Gestank: Kein böser Geist gelangt in unsere Nase, sondern Stoffteilchen.

- Stinkende Stoffe müssen verdunsten können, damit man sie riecht.
- Aus Mist entweichen ....moleküle.
- Salze stinken nicht, weil ihre .... nicht verdunsten.

CHEMIE STINKT

Stinkende Stoffe müssen verdunsten können, damit man sie riecht.

- Gestank: Kein böser Geist gelangt in unsere Nase, sondern Stoffteilchen.
- Aus Mist entweichen ....moleküle.
- Salze stinken nicht, weil ihre .... nicht verdunsten.

CHEMIE STINKT

Aus Mist entweichen <u>Ammoniak</u>moleküle.

- Stinkende Stoffe müssen verdunsten können, damit man sie riecht.
- Gestank: Kein böser Geist gelangt in unsere Nase, sondern Stoffteilchen.
- Salze stinken nicht, weil ihre .... nicht verdunsten.

CHEMIE STINKT

Salze stinken nicht, weil ihre <u>Ionen</u> nicht verdunsten.

- Stinkende Stoffe müssen verdunsten können, damit man sie riecht.
- Aus Mist entweichen ....moleküle.
- Gestank: Kein böser Geist gelangt in unsere Nase, sondern Stoffteilchen.

ERSTAUNLICH

Erstaunlich, wie viel Chlorwasserstoffgas sich in Wasser löst (Springbrunnenversuch).

- Dass man Naturstoffe als so genannte „naturidentische" Stoffe im Labor synthetisieren kann, ist erstaunlich.
- Erstaunlich, dass immer noch einige „Chemie" mit „Gift" gleichsetzen.
- Dass sich manche mit ihren miserablen Chemiekenntnissen auch noch brüsten, ist erstaunlich.

ERSTAUNLICH

Dass man Naturstoffe als so genannte „naturidentische" Stoffe im Labor synthetisieren kann, ist erstaunlich.

- Erstaunlich, wie viel Chlorwasserstoffgas sich in ...... löst (Springbrunnenversuch).
- Erstaunlich, dass immer noch einige „Chemie" mit „Gift" gleichsetzen.
- Dass sich manche mit ihren miserablen Chemiekenntnissen auch noch brüsten, ist erstaunlich.

ERSTAUNLICH

Erstaunlich, dass immer noch einige „Chemie" mit „Gift" gleichsetzen.

- Dass man Naturstoffe als so genannte „naturidentische" Stoffe im Labor synthetisieren kann, ist erstaunlich.
- Erstaunlich, wie viel Chlorwasserstoffgas sich in ...... löst (Springbrunnenversuch).
- Dass sich manche mit ihren miserablen Chemiekenntnissen auch noch brüsten, ist erstaunlich.

ERSTAUNLICH

Dass sich manche mit ihren miserablen Chemiekenntnissen auch noch brüsten, ist erstaunlich.

- Dass man Naturstoffe als so genannte „naturidentische" Stoffe im Labor synthetisieren kann, ist erstaunlich.
- Erstaunlich, dass immer noch einige „Chemie" mit „Gift" gleichsetzen.
- Erstaunlich, wie viel Chlorwasserstoffgas sich in ...... löst (Springbrunnenversuch).

GEBEN oder NEHMEN

Reduziert werden bedeutet Elektronen aufnehmen.

- Geben ist seliger denn Nehmen.
- Neutralisation: ......-Ion nimmt vom H_3O^+-Ion ein Proton auf. Es entstehen zwei Moleküle Wasser.
- Bei einer exothermen Reaktion wird ..... an die Umgebung abgegeben.

GEBEN oder NEHMEN

Geben ist seliger denn Nehmen.

- Reduziert werden bedeutet .... aufnehmen.
- Neutralisation: ......-Ion nimmt vom H_3O^+-Ion ein Proton auf. Es entstehen zwei Moleküle Wasser.
- Bei einer exothermen Reaktion wird ..... an die Umgebung abgegeben.

GEBEN oder NEHMEN Neutralisation: <u>OH^-</u>-Ion nimmt vom H_3O^+-Ion ein Proton auf. Es entstehen zwei Moleküle Wasser. • Geben ist seliger denn Nehmen. • Reduziert werden bedeutet .... aufnehmen. • Bei einer exothermen Reaktion wird ..... an die Umgebung abgegeben.	**GEBEN oder NEHMEN** Bei einer exothermen Reaktion wird <u>Wärme (Energie)</u> an die Umgebung abgegeben. • Geben ist seliger denn Nehmen. • Neutralisation: ......-Ion nimmt vom H_3O^+-Ion ein Proton auf. Es entstehen zwei Moleküle Wasser. • Reduziert werden bedeutet .... aufnehmen.
GEGENSÄTZLICH Ein Salzkristall ist aus positiv und negativ geladenen <u>Ionen</u> aufgebaut. • Eine Oxidation ist die .... von Elektronen und eine Reduktion die .... von Elektronen. • Benzin ist ein unpolares, Wasser dagegen ein .... Lösungsmittel. • Der entgegengesetzte Vorgang zur Oxidation heißt	**GEGENSÄTZLICH** Eine Oxidation ist die <u>Abgabe</u> von Elektronen und eine Reduktion die <u>Aufnahme</u> von Elektronen. • Ein Salzkristall ist aus positiv und negativ geladenen ..... aufgebaut. • Benzin ist ein unpolares, Wasser dagegen ein .... Lösungsmittel. • Der entgegengesetzte Vorgang zur Oxidation heißt ....
GEGENSÄTZLICH Benzin ist ein unpolares, Wasser dagegen ein <u>polares</u> Lösungsmittel. • Eine Oxidation ist die .... von Elektronen und eine Reduktion die .... von Elektronen. • Ein Salzkristall ist aus positiv und negativ geladenen ..... aufgebaut. • Der entgegengesetzte Vorgang zur Oxidation heißt	**GEGENSÄTZLICH** Der entgegengesetzte Vorgang zur Oxidation heißt <u>Reduktion</u>. • Eine Oxidation ist die .... von Elektronen und eine Reduktion die .... von Elektronen. • Benzin ist ein unpolares, Wasser dagegen ein .... Lösungsmittel. • Ein Salzkristall ist aus positiv und negativ geladenen ..... aufgebaut.

GESUCHT im PSE Kohlenstoff (C) steht in der 2. <u>Periode</u> und IV. Hauptgruppe. • PSE bedeutet: .... der Elemente. • Alle .... sind Elemente der VIII. Hauptgruppe. • Eisen und Kupfer finden wir unter den ....elementen.	**GESUCHT im PSE** PSE bedeutet: <u>Periodensystem</u> der Elemente. • Kohlenstoff (C) steht in der 2. ...... und IV. Hauptgruppe. • Alle .... sind Elemente der VIII. Hauptgruppe. • Eisen und Kupfer finden wir unter den ....elementen.
GESUCHT im PSE Alle <u>Edelgase</u> sind Elemente der VIII. Hauptgruppe. • PSE bedeutet: .... der Elemente. • Kohlenstoff (C) steht in der 2. ...... und IV. Hauptgruppe. • Eisen und Kupfer finden wir unter den ....elementen.	**GESUCHT im PSE** Eisen und Kupfer finden wir unter den <u>Nebengruppen</u>elementen. • PSE bedeutet: .... der Elemente. • Alle .... sind Elemente der VIII. Hauptgruppe. • Kohlenstoff (C) steht in der 2. ...... und IV. Hauptgruppe.
LAUGEN Je größer die <u>OH^-</u>-Ionen-Konzentration, desto stärker alkalisch ist die Lauge. • Das Gegenteil von „sauer" ist nicht „süß", sondern „.........". • Seifen, viele Metalloxide und Metallhydroxide können mit Wasser ...... bilden. • Eine Laugenbrezel ist vor dem Backen mit verdünnter .... bestrichen worden.	**LAUGEN** Das Gegenteil von „sauer" ist nicht „süß", sondern „<u>alkalisch</u>". • Je größer die ....-Ionen-Konzentration, desto stärker alkalisch ist die Lauge. • Seifen, viele Metalloxide und Metallhydroxide können mit Wasser ...... bilden. • Eine Laugenbrezel ist vor dem Backen mit verdünnter .... bestrichen worden.

LAUGEN

Seifen, viele Metalloxide und Metallhydroxide können mit Wasser <u>Laugen</u> bilden.

- Das Gegenteil von „sauer" ist nicht „süß", sondern „.........".
- Je größer die ....-Ionen-Konzentration, desto stärker alkalisch ist die Lauge.
- Eine Laugenbrezel ist vor dem Backen mit verdünnter .... bestrichen worden.

LAUGEN

Eine Laugenbrezel ist vor dem Backen mit verdünnter <u>Natronlauge</u> bestrichen worden.

- Das Gegenteil von „sauer" ist nicht „süß", sondern „.........".
- Seifen, viele Metalloxide und Metallhydroxide können mit Wasser...... bilden.
- Je größer die ....-Ionen-Konzentration, desto stärker alkalisch ist die Lauge.

MEHRDEUTIG

Für „<u>Wasserstoff</u>" existieren zwei Symbole: H und H_2.

- „..........." kann bedeuten:
  a) Wässrige Lösung mit H_3O^+ - und SO_4^{2-}-Ionen oder
  b) Reinstoff aus H_2SO_4-Molekülen.
- Über zweideutige Witze kann man lachen, mehrdeutige Fachbegriffe aber sind ärgerlich!
- „Glühbirne brennt" ist ...., „Kerze brennt" ist .... chemische Reaktion.

MEHRDEUTIG

„<u>Schwefelsäure</u>" kann bedeuten:
a) Wässrige Lösung mit H_3O^+- und SO_4^{2-}-Ionen oder
b) Reinstoff aus H_2SO_4-Molekülen.

- Für „..........." existieren zwei Symbole: H und H_2.
- Über zweideutige Witze kann man lachen, mehrdeutige Fachbegriffe aber sind ärgerlich!
- „Glühbirne brennt" ist ...., „Kerze brennt" ist .... chemische Reaktion.

MEHRDEUTIG

Über zweideutige Witze kann man lachen, mehrdeutige Fachbegriffe aber sind ärgerlich!

- „............." kann bedeuten:
  a) Wässrige Lösung mit H_3O^+ - und SO_4^{2-}-Ionen oder
  b) Reinstoff aus H_2SO_4-Molekülen.
- Für „..........." existieren zwei Symbole: H und H_2.
- „Glühbirne brennt" ist ...., „Kerze brennt" ist .... chemische Reaktion.

MEHRDEUTIG

„Glühbirne brennt" ist <u>keine</u>, „Kerze brennt" ist <u>eine</u> chemische Reaktion.

- „............." kann bedeuten:
  a) Wässrige Lösung mit H_3O^+ - und SO_4^{2-}-Ionen oder
  b) Reinstoff aus H_2SO_4-Molekülen.
- Über zweideutige Witze kann man lachen, mehrdeutige Fachbegriffe aber sind ärgerlich!
- Für „..........." existieren zwei Symbole: H und H_2.

MENSCH und SAURER REGEN

Wir sollten keine gasförmigen Säurebildner in die Luft entlassen.

- Im Auspuff beschleunigt der .... den Abbau der Säurebildner NO_x.
- PVC nicht ....! Es entsteht u.a. der Säurebildner Chlorwasserstoff (HCl).
- „Energie sparen" bedeutet oft: „weniger Sauren Regen erzeugen".

MENSCH und SAURER REGEN

Im Auspuff beschleunigt der Abgaskatalysator den Abbau der Säurebildner NO_x.

- Wir sollten keine .... Säurebildner in die Luft entlassen.
- PVC nicht ....! Es entsteht u.a. der Säurebildner Chlorwasserstoff (HCl).
- „Energie sparen" bedeutet oft: „weniger Sauren Regen erzeugen".

MENSCH und SAURER REGEN

PVC nicht verbrennen! Es entsteht u.a. der Säurebildner Chlorwasserstoff (HCl).

- Im Auspuff beschleunigt der .... den Abbau der Säurebildner NO_x.
- Wir sollten keine .... Säurebildner in die Luft entlassen.
- „Energie sparen" bedeutet oft: „weniger Sauren Regen erzeugen".

MENSCH und SAURER REGEN

„Energie sparen" bedeutet oft: „weniger Sauren Regen erzeugen".

- Im Auspuff beschleunigt der .... den Abbau der Säurebildner NO_x.
- PVC nicht ....! Es entsteht u.a. der Säurebildner Chlorwasserstoff (HCl).
- Wir sollten keine .... Säurebildner in die Luft entlassen.

NEUTRAL

Eine Lösung, die gleich viele H_3O^+- und OH^--Ionen enthält, ist neutral.

- Eine Waschlotion mit pH = 5,5 wird als „hautneutral" angepriesen.
- Salzsäure und .... können zu einer neutralen Kochsalzlösung reagieren.
- Neutral sind Atome, weil sie gleich viel Protonen und .... haben.

NEUTRAL

Neutral sind Atome, weil sie gleich viel Protonen und Elektronen haben.

- Eine Waschlotion mit pH = 5,5 wird als „hautneutral" angepriesen.
- Eine Lösung, die gleich viele H_3O^+- und ....-Ionen enthält, ist neutral.
- Salzsäure und .... können zu einer neutralen Kochsalzlösung reagieren.

NEUTRAL Salzsäure und Natronlauge können zu einer neutralen Kochsalzlösung reagieren. • Eine Waschlotion mit pH = 5,5 wird als „hautneutral" angepriesen. • Eine Lösung, die gleich viele H_3O^+- und ....-Ionen enthält, ist neutral. • Neutral sind Atome, weil sie gleich viel Protonen und .... haben.	**NEUTRAL** Eine Waschlotion mit pH = 5,5 wird als „hautneutral" angepriesen. • Eine Lösung, die gleich viele H_3O^+- und ....-Ionen enthält, ist neutral. • Salzsäure und .... können zu einer neutralen Kochsalzlösung reagieren. • Neutral sind Atome, weil sie gleich viel Protonen und .... haben.
REGELN Oktettregel: Die äußere Schale eines Atoms kann höchstens 8 Elektronen enthalten. • Keine Regel ohne Ausnahme! • „Ähnliches löst sich in ....". • Je ..... die Temperatur, desto schneller die Reaktion.	**REGELN** Keine Regel ohne Ausnahme! • Oktettregel: Die äußere Schale eines Atoms kann höchstens .... Elektronen enthalten. • „Ähnliches löst sich in ....". • Je ..... die Temperatur, desto schneller die Reaktion.
REGELN „Ähnliches löst sich in Ähnlichem". • Keine Regel ohne Ausnahme! • Oktettregel: Die äußere Schale eines Atoms kann höchstens .... Elektronen enthalten. • Je ..... die Temperatur, desto schneller die Reaktion.	**REGELN** Je höher die Temperatur, desto schneller die Reaktion. • Keine Regel ohne Ausnahme! • „Ähnliches löst sich in ....". • Oktettregel: Die äußere Schale eines Atoms kann höchstens .... Elektronen enthalten.

SAURER REGEN

Durch eine chemische Reaktion gasförmiger Schwefel- und Stickstoffoxide mit Wasser entsteht unter Bildung von H_3O^+-Ionen Saurer Regen.

- Saurer Regen zerstört Bauwerke aus Kalkstein (Calcium........).
- Saurer Regen setzt im Boden Metall-.......... frei, die für Bäume giftig sind.
- Saurer Regen wäscht im Boden wichtige Nährstoffe aus, die versickern und somit den Bäumen fehlen.

SAURER REGEN

Saurer Regen setzt im Boden Metallionen frei, die für Bäume giftig sind.

- Durch eine chemische Reaktion gasförmiger Schwefel- und Stickstoffoxide mit ...... entsteht unter Bildung von H_3O^+-Ionen Saurer Regen.
- Saurer Regen zerstört Bauwerke aus Kalkstein (Calcium........).
- Saurer Regen wäscht im Boden wichtige Nährstoffe aus, die versickern und somit den Bäumen fehlen.

SAURER REGEN

Saurer Regen wäscht im Boden wichtige Nährstoffe aus, die versickern und somit den Bäumen fehlen.

- Saurer Regen setzt im Boden Metall-.......... frei, die für Bäume giftig sind.
- Durch eine chemische Reaktion gasförmiger Schwefel- und Stickstoffoxide mit ...... entsteht unter Bildung von H_3O^+-Ionen Saurer Regen.
- Saurer Regen zerstört Bauwerke aus Kalkstein (Calcium........).

SAURER REGEN

Saurer Regen zerstört Bauwerke aus Kalkstein (Calciumcarbonat).

- Saurer Regen setzt im Boden Metall-.......... frei, die für Bäume giftig sind.
- Saurer Regen wäscht im Boden wichtige Nährstoffe aus, die versickern und somit den Bäumen fehlen.
- Durch eine chemische Reaktion gasförmiger Schwefel- und Stickstoffoxide mit ...... entsteht unter Bildung von H_3O^+-Ionen Saurer Regen.

STARK

Bei einem starken Oxidationsmittel ist das Bestreben, Elektronen aufzunehmen, sehr groß.

- „Stark" sein kann nicht nur eine Frau, Kaffee, der elektrische Strom oder der Wind, sondern auch eine Säure.
- Je niedriger der pH-Wert, desto stärker die .....
- Eine starke chemische .... kann nur mit großem Energieaufwand getrennt werden.

STARK

„Stark" sein kann nicht nur eine Frau, Kaffee, der elektrische Strom oder der Wind, sondern auch eine Säure.

- Bei einem starken ....ist das Bestreben, Elektronen aufzunehmen, sehr groß.
- Je niedriger der pH-Wert, desto stärker die .....
- Eine starke chemische .... kann nur mit großem Energieaufwand getrennt werden.

STARK

Je niedriger der pH-Wert, desto stärker die Säure.

- „Stark" sein kann nicht nur eine Frau, Kaffee, der elektrische Strom oder der Wind, sondern auch eine Säure.
- Bei einem starken ....ist das Bestreben, Elektronen aufzunehmen, sehr groß.
- Eine starke chemische .... kann nur mit großem Energieaufwand getrennt werden.

STARK

Eine starke chemische Bindung kann nur mit großem Energieaufwand getrennt werden.

- „Stark" sein kann nicht nur eine Frau, Kaffee, der elektrische Strom oder der Wind, sondern auch eine Säure.
- Je niedriger der pH-Wert, desto stärker die ......
- Bei einem starken ....ist das Bestreben, Elektronen aufzunehmen, sehr groß.

SYMBOLE

N_2 bedeutet: ein aus zwei Stickstoffatomen entstandenes Molekül.

- Ein zweifach positiv geladenes Kupferion symbolisieren wir durch ....
- Die Formel für Aluminiumoxid lautet: ....
- Ein Bindestrich zwischen H und O bedeutet ein gemeinsames ....

SYMBOLE

Ein zweifach positiv geladenes Kupferion symbolisieren wir durch Cu^{2+}.

- N_2 bedeutet: ein aus zwei .... entstandenes Molekül.
- Die Formel für Aluminiumoxid lautet: ....
- Ein Bindestrich zwischen H und O bedeutet ein gemeinsames ....

SYMBOLE

Die Formel für Aluminiumoxid lautet: Al_2O_3.

- Ein zweifach positiv geladenes Kupferion symbolisieren wir durch ....
- N_2 bedeutet: ein aus zwei .... entstandenes Molekül.
- Ein Bindestrich zwischen H und O bedeutet ein gemeinsames ....

SYMBOLE

Ein Bindestrich zwischen H und O bedeutet ein gemeinsames Elektronenpaar.

- Ein zweifach positiv geladenes Kupferion symbolisieren wir durch ....
- Die Formel für Aluminiumoxid lautet: ....
- N_2 bedeutet: ein aus zwei .... entstandenes Molekül.

UNBETEILIGT

An Bindungen im H_2O-Molekül sind die beiden freien Elektronenpaare des Sauerstoffs unbeteiligt.

- An der Neutralisationsreaktion von Natronlauge mit Salzsäure sind ....- und .... unbeteiligt.
- Unbeteiligt ist Kohlenstoffdioxid am Ozonloch, beteiligt aber am ....
- Unbeteiligt an Klatsch und Tratsch - ich immer!

UNBETEILIGT

An der Neutralisationsreaktion von Natronlauge mit Salzsäure sind Natrium- und Chloridionen unbeteiligt.

- An Bindungen im H_2O-Molekül sind die beiden freien .... des Sauerstoffs unbeteiligt.
- Unbeteiligt ist Kohlenstoffdioxid am Ozonloch, beteiligt aber am ....
- Unbeteiligt an Klatsch und Tratsch - ich immer!

UNBETEILIGT

Unbeteiligt ist Kohlenstoffdioxid am Ozonloch, beteiligt aber am Treibhauseffekt.

- An der Neutralisationsreaktion von Natronlauge mit Salzsäure sind ....- und .... unbeteiligt.
- An Bindungen im H_2O-Molekül sind die beiden freien .... des Sauerstoffs unbeteiligt.
- Unbeteiligt an Klatsch und Tratsch - ich immer!

UNBETEILIGT

Unbeteiligt an Klatsch und Tratsch - ich immer!

- An der Neutralisationsreaktion von Natronlauge mit Salzsäure sind ....- und .... unbeteiligt.
- Unbeteiligt ist Kohlenstoffdioxid am Ozonloch, beteiligt aber am ....
- An Bindungen im H_2O-Molekül sind die beiden freien .... des Sauerstoffs unbeteiligt.

UNVORSTELLBAR

In 12g Ruß sind 602 214 199 000 000 000 000 000 Kohlenstoffatome gebunden.

- Die .... in den Atomkernen halten trotz gleichartiger Ladung zusammen.
- Der Raum zwischen Gasteilchen ist total ....
- Atomkerne sind so klein, dass z.B. alle Kerne von 8000t Eisen in einem Stecknadelkopf Platz finden würden.

UNVORSTELLBAR

Die Protonen in den Atomkernen halten trotz gleichartiger Ladung zusammen.

- In 12g Ruß sind 602 214 199 000 000 000 000 000 Kohlenstoffatome gebunden.
- Der Raum zwischen Gasteilchen ist total ....
- Atomkerne sind so klein, dass z.B. alle Kerne von 8000t Eisen in einem Stecknadelkopf Platz finden würden.

UNVORSTELLBAR Der Raum zwischen Gasteilchen ist total <u>leer</u>. • In 12g Ruß sind 602 214 199 000 000 000 000 000 Kohlenstoffatome gebunden. • Die .... in den Atomkernen halten trotz gleichartiger Ladung zusammen. • Atomkerne sind so klein, dass z.B. alle Kerne von 8000t Eisen in einem Stecknadelkopf Platz finden würden.	**UNVORSTELLBAR** Atomkerne sind so klein, dass z.B. alle Kerne von 8000t Eisen in einem Stecknadelkopf Platz finden würden. • Die .... in den Atomkernen halten trotz gleichartiger Ladung zusammen. • Der Raum zwischen Gasteilchen ist total .... • In 12g Ruß sind 602 214 199 000 000 000 000 000 Kohlenstoffatome gebunden.
VORSTELLBAR Elektronen könnten winzige <u>negativ</u> geladene Kugeln sein. • In einem Metall könnten die positiv geladenen Metallionen durch ein „.............“ zusammengehalten werden. • Beim Verdunsten verlassen die .... Wasserteilchen die Wasseroberfläche. • Ich werde noch ein Chemiefan!	**VORSTELLBAR** In einem Metall könnten die positiv geladenen Metallionen durch ein „<u>Elektronengas</u>“ zusammengehalten werden. • Elektronen könnten winzige .... geladene Kugeln sein. • Beim Verdunsten verlassen die .... Wasserteilchen die Wasseroberfläche. • Ich werde noch ein Chemiefan!
VORSTELLBAR Beim Verdunsten verlassen die <u>schnellsten</u> Wasserteilchen die Wasseroberfläche. • In einem Metall könnten die positiv geladenen Metallionen durch ein „.............“ zusammengehalten werden. • Elektronen könnten winzige .... geladene Kugeln sein. • Ich werde noch ein Chemiefan!	**VORSTELLBAR** Ich werde noch ein Chemiefan! • In einem Metall könnten die positiv geladenen Metallionen durch ein „.............“ zusammengehalten werden. • Beim Verdunsten verlassen die .... Wasserteilchen die Wasseroberfläche. • Elektronen könnten winzige .... geladene Kugeln sein.

Gut gefragt ist halb gewonnen

Spielbeschreibung:	Quartett- bzw. Quintettspiel	
Fachliche Voraussetzungen	Gruppengröße	Herstellung des Spielmaterials
Typische Gruppen im Periodensystem	4 bis 6	Pro Spielgruppe: Alle Spielkarten kopieren und laminieren Periodensystem bereitlegen

Spielmaterial:
Beispiel für eine Spielkarte

> Hauptgruppe: 4
>
> **Sauerstoff (O)**
>
> **Schmelztemperatur:**
> Sauerstoff ◄ Tellur
> **Dichte:** Sauerstoff ◄ Tellur
> (jeweils im festen Zustand)
>
> Nichtmetall
> **Elektrische Leitfähigkeit:**
> Sauerstoff ◄ Tellur
>
> **Außenelektronen:** 6
> **Elektronenschalen:** 2
>
> **Formeln einiger Verbindungen:**
> H_2O, MgO, Al_2O_3
>
> 4 Karten im Spiel

Jede Karte repräsentiert eines der Hauptgruppenelemente. Elemente, von denen nur radioaktive Isotope existieren, werden nicht berücksichtigt.

► bedeutet eine Abnahme
◄ bedeutet eine Zunahme

Bei diesem Spiel wird deutlich, dass man aus manchen Eigenschaften von Elementen einer Hauptgruppe auf Eigenschaften anderer Elemente dieser Hauptgruppe schließen kann. Es wurden daher nur solche Eigenschaften ausgewählt, bei denen solche Rückschlüsse möglich sind.

Die Karten zu einer Hauptgruppe bilden ein Quartett oder Quintett. Zu dieser Hauptgruppe gibt es zum Beispiel vier Karten.

Auf den Elementkarten verwendete Symbole:

Physikalische Eigenschaften	Metallische Eigenschaften	Chemische Eigenschaften	Aufbau der Elektronenhülle	Formeln einiger Verbindungen

Empfehlungen zu Spielregeln und Spielverlauf	
Vorbereitung	Für alle Spieler sollte ein Periodensystem der Elemente bereitliegen.
Spielstrategie	Die Elementkarten der Hauptgruppen des Periodensystems sollen zu Quartetten oder Quintetten zusammengefasst werden. Diese werden abgelegt. Ziel des Spiels ist, so viele Kartensätze wie möglich zusammenzustellen. Jeder Spieler muss also bestrebt sein, vorhandene Elementkarten zu einem Satz zu ergänzen. Die fehlenden Karten muss er sich durch gezielte Fragen von den Mitspielern beschaffen. Aus den Eigenschaften des Elementes, dessen Karte der Spieler besitzt, kann der Spieler Rückschlüsse auf andere Elemente dieser Gruppe ziehen.
Spielbeginn	Die Karten werden gemischt und an die Mitspieler verteilt. Dabei kann es vorkommen, dass manche Spieler eine Karte mehr oder weniger als andere haben. Der Spieler, welcher die Startkarte (Wasserstoff) besitzt, darf das Spiel eröffnen.
Spielverlauf	Der Spieler mit der Wasserstoffkarte, im folgenden Spieler A genannt, beginnt. Spieler A darf diese Karte ablegen und sich dann von einem seiner Mitspieler, Spieler B genannt, eine beliebige Karte wünschen. Besitzt Spieler B diese Karte nicht, so ist er an der Reihe. Besitzt er sie jedoch, so muss er dies bekannt geben. Er hat jedoch die Möglichkeit, diese Karte gegenüber Spieler A zu verteidigen. Dazu darf er Spieler A eine Frage zu dem betreffenden Element stellen. Diese Frage muss Spieler A richtig beantworten, bevor er die gewünschte Karte erhält. Gelingt ihm dies nicht, so ist Spieler B an der Reihe. Die Fragen und Antworten ergeben sich aus den Angaben auf den Spielkarten. Kennt man die Eigenschaften des gewünschten Elementes nicht auswendig (und das ist wohl die Regel), so muss man diese aus den Eigenschaften der Elemente schließen, deren Karten man selbst auf der Hand hält. Wenn man alle Karten der Elemente einer Hauptgruppe besitzt, so muss man diese offen vor sich ablegen. Spieler, die keine Karten mehr haben, dürfen nicht mehr mitspielen. Zu einer Hauptgruppe können mehr als vier Elementkarten gehören. Die Anzahl wird auf jeder Karte rechts unten angegeben. Es werden also Quartette und Quintette gebildet.
Beispiel	Spieler B verteidigt die Karte Natrium. Er könnte fragen: „Reagiert Natrium heftiger mit Wasser als Kalium?” oder „Welche Formel hat Natriumoxid?”. Spieler A besitzt die Karte Lithium und sieht dort, dass die Reaktionsfreudigkeit mit Wasser in der Hauptgruppe von oben nach unten zunimmt. Ebenso kann er aus der Formel Li_2O für Lithiumoxid auf die Formel Na_2O für Natriumoxid schließen.
Spielende	Wenn alle Karten abgelegt sind, ist das Spiel beendet. Sieger ist der Spieler, welcher die meisten Karten abgelegt hat.
Nachbereitung	Das Kartenspiel wird auf Vollständigkeit geprüft (39 Karten) und zurückgegeben.

Alkalimetalle Hauptgruppe: 1

Lithium (Li)

Schmelztemperatur:
Lithium ▶ Caesium
Härte: Lithium ▶ Caesium

Typisches Metall

Heftigkeit der Reaktion mit Wasser:
Lithium ◀ Caesium

Außenelektronen: 1
Elektronenschalen: 2

Formeln einiger Verbindungen:
LiCl, Li_2O

5 Karten im Spiel

Erdalkalimetalle Hauptgruppe: 2

Beryllium (Be)

Typisches Metall

Heftigkeit der Reaktion mit Wasser:
Beryllium ◀ Barium
Empfindlichkeit gegenüber Luft:
Beryllium ◀ Barium

Außenelektronen: 2
Elektronenschalen: 2

Formeln einiger Verbindungen:
$BeCl_2$, BeO

5 Karten im Spiel

Hauptgruppe: 3

Bor (B)

Dichte: Bor ◀ Thallium

Halbmetall, elektrischer Halbleiter
Elektrische Leitfähigkeit:
Bor ◀ Thallium

Außenelektronen: 3
Elektronenschalen: 2

Formeln einiger Verbindungen:
BCl_3, B_2O_3

5 Karten im Spiel

Hauptgruppe: 4

Kohlenstoff (C)

Nichtmetall, elektrischer Isolator als Diamant, elektrischer Leiter als Graphit
Elektrische Leitfähigkeit:
Kohlenstoff ◀ Blei

Außenelektronen: 4
Elektronenschalen: 2

Formeln einiger Verbindungen:
CH_4, CO_2

5 Karten im Spiel

Hauptgruppe: 5

Stickstoff (N)

Nichtmetall
Metallcharakter:
Stickstoff ◀ Bismut

Außenelektronen: 5
Elektronenschalen: 2

Formeln einiger Verbindungen:
NCl_3, NH_3

5 Karten im Spiel

Hauptgruppe: 6

Sauerstoff (O)

Schmelztemperatur:
Sauerstoff ◀ Tellur
Dichte: Sauerstoff ◀ Tellur
(jeweils in festem Zustand)

Nichtmetall
Elektrische Leitfähigkeit:
Sauerstoff ◀ Tellur

Außenelektronen: 6
Elektronenschalen: 2

Formeln einiger Verbindungen:
H_2O, MgO, Al_2O_3

4 Karten im Spiel

Halogene Hauptgruppe: 7

Fluor (F)

Siedetemperatur:
Fluor ◀ Iod
Dichte: Fluor ◀ Iod (jeweils in gasförmigem Zustand)

Reaktionsfreudigkeit (allgemein):
Fluor ▶ Iod

Außenelektronen: 7
Elektronenschalen: 2

Formeln einiger Verbindungen:
HF, NaF, CaF_2

4 Karten im Spiel

Edelgase Hauptgruppe: 8

Neon (Ne)

Schmelztemperatur:
Helium ◀ Xenon
Siedetemperatur:
Helium ◀ Xenon
Dichte: Helium ◀ Xenon

Keine Verbindungen bekannt

Außenelektronen: 8
Elektronenschalen: 2

5 Karten im Spiel

Alkalimetalle Hauptgruppe: 1

Natrium (Na)

Schmelztemperatur:
Lithium ▶ Caesium
Härte: Lithium ▶ Caesium

Typisches Metall

Heftigkeit der Reaktion mit Wasser:
Lithium ◀ Caesium

Außenelektronen: 1
Elektronenschalen: 3

Formeln einiger Verbindungen:
NaCl, Na_2O

5 Karten im Spiel

Erdalkalimetalle Hauptgruppe: 2

Magnesium (Mg)

Typisches Metall

Heftigkeit der Reaktion mit Wasser:
Beryllium ◀ Barium
Empfindlichkeit gegenüber Luft:
Beryllium ◀ Barium

Außenelektronen: 2
Elektronenschalen: 3

Formeln einiger Verbindungen:
$MgCl_2$, MgO

5 Karten im Spiel

Hauptgruppe: 3

Aluminium (Al)

Dichte: Bor ◀ Thallium

Metall, elektrischer Leiter
Elektrische Leitfähigkeit:
Bor ◀ Thallium

Außenelektronen: 3
Elektronenschalen: 3

Formeln einiger Verbindungen:
$AlCl_3$, Al_2O_3

5 Karten im Spiel

Hauptgruppe: 4

Silicium (Si)

Halbmetall, elektrischer Halbleiter
Elektrische Leitfähigkeit:
Kohlenstoff ◀ Blei

Außenelektronen: 4
Elektronenschalen: 3

Formeln einiger Verbindungen:
SiH_4, SiO_2

5 Karten im Spiel

Hauptgruppe: 5

Phosphor (P)

Nichtmetall
Metallcharakter:
Stickstoff ◀ Bismut

Außenelektronen: 5
Elektronenschalen: 3

Formeln einiger Verbindungen:
PCl_3, PH_3

5 Karten im Spiel

Hauptgruppe: 6

Schwefel (S)

Schmelztemperatur:
Sauerstoff ◀ Tellur
Dichte: Sauerstoff ◀ Tellur
(jeweils in festem Zustand)

Typisches Nichtmetall
Elektrische Leitfähigkeit:
Sauerstoff ◀ Tellur

Außenelektronen: 6
Elektronenschalen: 3

Formeln einiger Verbindungen:
H_2S, MgS, Al_2S_3

4 Karten im Spiel

Halogene Hauptgruppe: 7

Chlor (Cl)

Siedetemperatur:
Fluor ◀ Iod
Dichte: Fluor ◀ Iod (jeweils in gasförmigem Zustand)

Reaktionsfreudigkeit (allgemein):
Fluor ▶ Iod

Außenelektronen: 7
Elektronenschalen: 3

Formeln einiger Verbindungen:
HCl, NaCl, $CaCl_2$

4 Karten im Spiel

Edelgase Hauptgruppe: 8

Argon (Ar)

Schmelztemperatur:
Helium ◀ Xenon
Siedetemperatur:
Helium ◀ Xenon
Dichte: Helium ◀ Xenon

Keine Verbindungen bekannt

Außenelektronen: 8
Elektronenschalen: 3

5 Karten im Spiel

Alkalimetalle — Hauptgruppe: 1

Kalium (K)

Schmelztemperatur:
Lithium ► Caesium
Härte: Lithium ► Caesium

Typisches Metall

Heftigkeit der Reaktion mit Wasser:
Lithium ◄ Caesium

Außenelektronen: 1
Elektronenschalen: 4

Formeln einiger Verbindungen:
KCl, K_2O

5 Karten im Spiel

Erdalkalimetalle — Hauptgruppe: 2

Calcium (Ca)

Typisches Metall

Heftigkeit der Reaktion mit Wasser:
Beryllium ◄ Barium
Empfindlichkeit gegenüber Luft:
Beryllium ◄ Barium

Außenelektronen: 2
Elektronenschalen: 4

Formeln einiger Verbindungen:
$CaCl_2$, CaO

5 Karten im Spiel

Hauptgruppe: 3

Gallium (Ga)

Dichte: Bor ◄ Thallium

Metall
Elektrische Leitfähigkeit:
Bor ◄ Thallium

Außenelektronen: 3
Elektronenschalen: 4

Formeln einiger Verbindungen:
$GaCl_3$, Ga_2O_3

5 Karten im Spiel

Hauptgruppe: 4

Germanium (Ge)

Halbmetall, elektrischer Halbleiter
Elektrische Leitfähigkeit:
Kohlenstoff ◄ Blei

Außenelektronen: 4
Elektronenschalen: 4

Formeln einiger Verbindungen:
GeH_4, GeO_2

5 Karten im Spiel

Hauptgruppe: 5

Arsen (As)

Halbmetall
Metallcharakter:
Stickstoff ◄ Bismut

Außenelektronen: 5
Elektronenschalen: 4

Formeln einiger Verbindungen:
$AsCl_3$, AsH_3

5 Karten im Spiel

Hauptgruppe: 6

Selen (Se)

Schmelztemperatur:
Sauerstoff ◄ Tellur
Dichte: Sauerstoff ◄ Tellur
(jeweils in festem Zustand)

Die graue Modifikation ist ein Halbmetall
Elektrische Leitfähigkeit:
Sauerstoff ◄ Tellur

Außenelektronen: 6
Elektronenschalen: 4

Formeln einiger Verbindungen:
H_2Se, MgSe, Al_2Se_3

4 Karten im Spiel

Halogene — Hauptgruppe: 7

Brom (Br)

Siedetemperatur:
Fluor ◄ Iod
Dichte: Fluor ◄ Iod (jeweils in gasförmigem Zustand)

Reaktionsfreudigkeit (allgemein):
Fluor ► Iod

Außenelektronen: 7
Elektronenschalen: 4

Formeln einiger Verbindungen:
HBr, NaBr, $CaBr_2$

4 Karten im Spiel

Edelgase — Hauptgruppe: 8

Krypton (Kr)

Schmelztemperatur:
Helium ◄ Xenon
Siedetemperatur:
Helium ◄ Xenon
Dichte: Helium ◄ Xenon

Reagiert mit Fluor

Außenelektronen: 8
Elektronenschalen: 4

5 Karten im Spiel

Alkalimetalle — Hauptgruppe: 1

Rubidium (Rb)

Schmelztemperatur:
Lithium ▶ Caesium
Härte: Lithium ▶ Caesium

Typisches Metall

Heftigkeit der Reaktion mit Wasser:
Lithium ◀ Caesium

Außenelektronen: 1
Elektronenschalen: 5

Formeln einiger Verbindungen:
RbCl, Rb_2O

5 Karten im Spiel

Erdalkalimetalle — Hauptgruppe: 2

Strontium (Sr)

Typisches Metall

Heftigkeit der Reaktion mit Wasser:
Beryllium ◀ Barium
Empfindlichkeit gegenüber Luft:
Beryllium ◀ Barium

Außenelektronen: 2
Elektronenschalen: 5

Formeln einiger Verbindungen:
$SrCl_2$, SrO

5 Karten im Spiel

Hauptgruppe: 3

Indium (In)

Dichte: Bor ◀ Thallium

Metall
Elektrische Leitfähigkeit:
Bor ◀ Thallium

Außenelektronen: 3
Elektronenschalen: 5

Formeln einiger Verbindungen:
$InCl_3$, In_2O_3

5 Karten im Spiel

Hauptgruppe: 4

Zinn (Sn)

Metall, elektrischer Leiter
Elektrische Leitfähigkeit:
Kohlenstoff ◀ Blei

Außenelektronen: 4
Elektronenschalen: 5

Formeln einiger Verbindungen:
SnH_4, SnO_2

5 Karten im Spiel

Hauptgruppe: 5

Antimon (Sb)

Metall
Metallcharakter:
Stickstoff ◀ Bismut

Außenelektronen: 5
Elektronenschalen: 5

Formeln einiger Verbindungen:
$SbCl_3$, SbH_3

5 Karten im Spiel

Hauptgruppe: 6

Tellur (Te)

Schmelztemperatur:
Sauerstoff ◀ Tellur
Dichte: Sauerstoff ◀ Tellur
(auch in festem Zustand)

Halbmetall
Elektrische Leitfähigkeit:
Sauerstoff ◀ Tellur

Außenelektronen: 6
Elektronenschalen: 5

Formeln einiger Verbindungen:
H_2Te, MgTe, Al_2Te_3

4 Karten im Spiel

Halogene — Hauptgruppe: 7

Iod (I)

Siedetemperatur:
Fluor ◀ Iod
Dichte: Fluor ◀ Iod (jeweils in gasförmigem Zustand)

Reaktionsfreudigkeit (allgemein):
Fluor ▶ Iod

Außenelektronen: 7
Elektronenschalen: 5

Formeln einiger Verbindungen:
HI, NaI, CaI_2

4 Karten im Spiel

Edelgase — Hauptgruppe: 8

Xenon (Xe)

Schmelztemperatur:
Helium ◀ Xenon
Siedetemperatur:
Helium ◀ Xenon
Dichte: Helium ◀ Xenon

Reagiert mit Fluor

Außenelektronen: 8
Elektronenschalen: 5

5 Karten im Spiel

Alkalimetalle — Hauptgruppe: 1

Caesium (Cs)

Schmelztemperatur:
Lithium ▶ Caesium
Härte: Lithium ▶ Caesium

Typisches Metall

Heftigkeit der Reaktion mit Wasser:
Lithium ◀ Caesium

Außenelektronen: 1
Elektronenschalen: 6

Formeln einiger Verbindungen:
CsCl, Cs_2O

5 Karten im Spiel

Erdalkalimetalle — Hauptgruppe: 2

Barium (Ba)

Typisches Metall

Heftigkeit der Reaktion mit Wasser:
Beryllium ◀ Barium
Empfindlichkeit gegenüber Luft:
Beryllium ◀ Barium

Außenelektronen: 2
Elektronenschalen: 6

Formeln einiger Verbindungen:
$BaCl_2$, BaO

5 Karten im Spiel

Hauptgruppe: 3

Thallium (Tl)

Dichte: Bor ◀ Thallium

Metall
Elektrische Leitfähigkeit:
Bor ◀ Thallium

Außenelektronen: 3
Elektronenschalen: 6

Formeln einiger Verbindungen:
$TlCl_3$, Tl_2O_3

5 Karten im Spiel

Hauptgruppe: 4

Blei (Pb)

Metall
Elektrische Leitfähigkeit:
Kohlenstoff ◀ Blei

Außenelektronen: 4
Elektronenschalen: 6

Formeln einiger Verbindungen:
PbH_4, PbO_2

5 Karten im Spiel

Hauptgruppe: 5

Bismut (Bi)

Metall
Metallcharakter:
Stickstoff ◀ Bismut

Außenelektronen: 5
Elektronenschalen: 6

Formeln einiger Verbindungen:
$BiCl_3$, BiH_3

5 Karten im Spiel

Sonderstellung!

Wasserstoff (H)

Der Wasserstoff lässt sich aufgrund seiner Eigenschaften nicht sinnvoll in eine Gruppe einordnen.

Außenelektronen: 1

Edelgase — Hauptgruppe: 8

Helium (He)

Schmelztemperatur:
Helium ◀ Xenon
Siedetemperatur:
Helium ◀ Xenon
Dichte: Helium ◀ Xenon

Keine Verbindungen bekannt

Außenelektronen: 2 (Ausnahme!)
Elektronenschalen: 1

5 Karten im Spiel

Such den Nachbarn

Spielbeschreibung:	Legespiel	
Fachliche Voraussetzungen	Gruppengröße	Herstellung des Spielmaterials
Erste Erfahrungen mit dem Periodensystem sind sinnvoll	4 bis 5	Pro Spielgruppe: Alle Spielkarten kopieren und laminieren Periodensystem bereitlegen

Spielmaterial:

Die Elementkarten sind mit denen des Spiels „Gut gefragt ist halb gewonnen" identisch, jedoch werden die angegebenen Elementeigenschaften hier nicht benötigt.

Empfehlungen zu Spielregeln und Spielverlauf	
Vorbereitung	Für alle Spieler sollte ein Periodensystem der Elemente bereitliegen.
Spielstrategie	Jeder Spieler muss versuchen, alle seine Karten möglichst schnell abzulegen.
Spielbeginn	Die Karten werden gemischt und an die Mitspieler verteilt. Jeder erhält fünf Karten, die restlichen Karten kommen verdeckt auf einen Stapel. Die oberste Karte des Stapels wird aufgedeckt und auf den Tisch gelegt. Es wird in der Runde gespielt. Der im Uhrzeigersinn auf den Kartengeber folgende Spieler beginnt.
Spielverlauf	An die vorgelegten Karten sollen weitere Elementkarten gemäß dem Periodensystem horizontal und vertikal, nicht aber diagonal, angelegt werden. Die Karten müssen so angeordnet werden, wie es der Anordnung im Periodensystem entspricht. Jeder Spieler kann beliebig viele Karten ablegen, jedoch mindestens eine. Wenn er keine passende Karte besitzt, so muss er die oberste Karte vom Stapel nehmen, die er aber in dieser Runde nicht mehr ausspielen darf.
Spielende	Das Spiel ist beendet, sobald ein Spieler alle seine Karten abgelegt hat. Er ist auch der Gewinner.
Nachbereitung	Das Kartenspiel wird auf Vollständigkeit geprüft (39 Karten) und zurückgegeben.

Drei für eins

Spielbeschreibung: Kartenspiel mit Quizcharakter		
Fachliche Voraussetzungen	Gruppengröße	Herstellung des Kartenmaterials
Kenntnisse aus dem Anfangsunterricht: Versuche zur Stofftrennung und zu chemischen Reaktionen, Stoffe und Formeln	3 bis 5	Pro Spieler eine Kopie aller Titelkarten, pro Spielgruppe eine Kopie der Aussagenkarten

Spielmaterial

Titelkarte

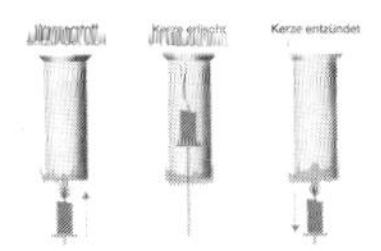

Wasserstoff

Aussagenkarte

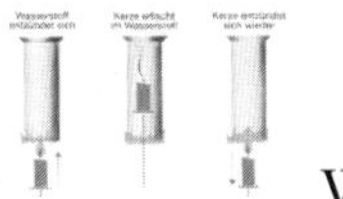

Wasserstoff

Ein Gas,
- in dem eine Flamme erstickt,
- das brennen kann,
- aus dem durch Reaktion mit Sauerstoff ein lebenswichtiges Oxid entsteht,
- das unsichtbar, geruch- und geschmacklos ist.

Spielstrategie	Ziel ist es, möglichst viele Titelkarten zu sammeln. Dafür bieten sich im Spiel immer wieder zwei Gelegenheiten. 1. Man hat in der Rolle des Ratenden aufgrund von drei in einer bestimmten Reihenfolge vorgetragenen Aussagen die richtige Titelkarte gemäß „Drei für eins“ ausgewählt. Diese Karte darf man behalten. 2. Man bekommt in der Rolle eines Quizmasters von den Spielern, die sich für eine falsche Titelkarte entschieden haben, die richtige ausgehändigt. Dazu sollte man aus der gezogenen Aussagenkarte drei Aussagen so in einer Abfolge bekanntgeben, dass die Mitspieler nur mit Glück die passende Titelkarte finden können.
Empfehlungen zu Spielregeln und Spielverlauf	
Vorbereitung	Alle Spieler bekommen die gleichen Titelkartensätze aus mindestens 15 Titelkarten. Die dazugehörenden Aussagenkarten werden verdeckt als Stapel auf den Tisch gelegt und um etwa ein Viertel reduziert.

Spielverlauf	Der jüngste Spieler beginnt, nimmt eine Aussagenkarte vom Stapel, hält sie verdeckt, entscheidet sich für eine erste Aussage und gibt sie bekannt. Die Mitspieler wählen nun aus ihren Titelkarten mindestens eine und höchstens fünf infrage kommende Karten aus. Nach der zweiten Aussage darf jeder Spieler noch höchstens drei Karten auf der Hand halten. Jeder hat aber jetzt die Chance, eine Karte gegen eine andere aus den zurückgelegten Titelkarten auszutauschen. Nach Bekanntgabe der dritten Aussage muss die Entscheidung fallen. Wer richtig entschieden hat, darf seine Titelkarte behalten. Alle anderen müssen die entsprechende Karte aus den zurückgelegten heraussuchen und dem Spieler übergeben, der an der Reihe war. Danach nimmt der nächste Spieler eine Aussagenkarte vom Stapel........
Spielende	Wenn entweder eine vorab festgelegte Zeit abgelaufen ist oder wenn alle Karten im Spiel waren. Gewonnen hat der Spieler mit den meisten Titelkarten.

Pro Spieler einmal kopieren

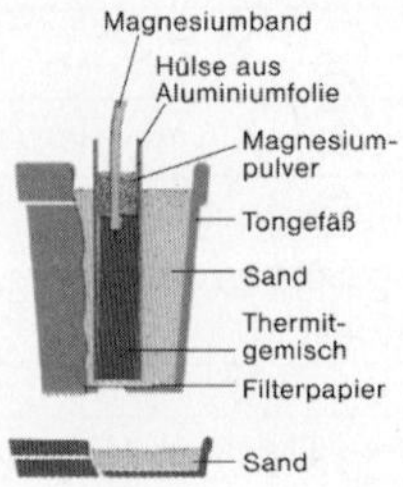

Thermitversuch

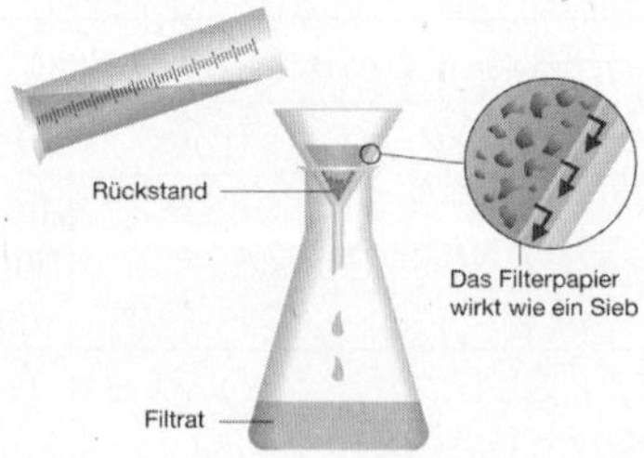

Filtrieren

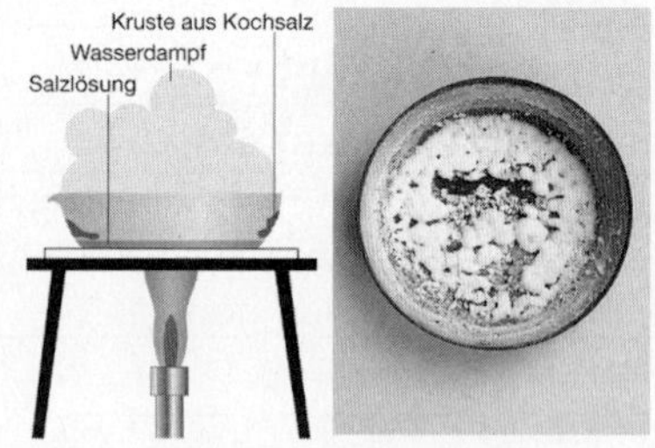

Eindampfen

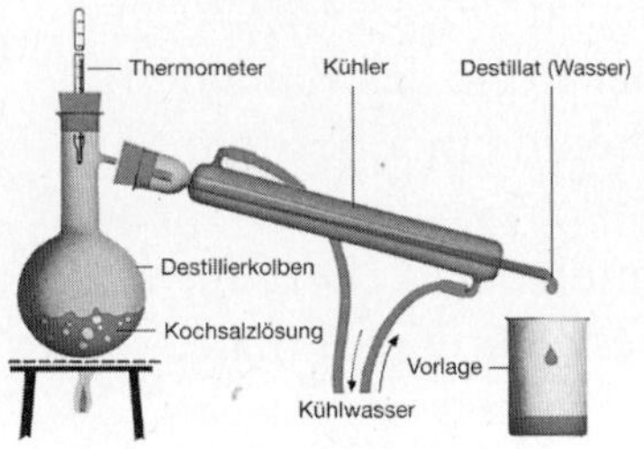

Destillation

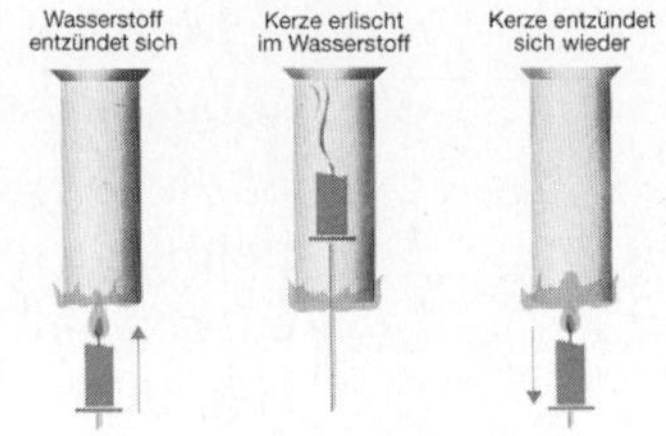

Wasserstoff

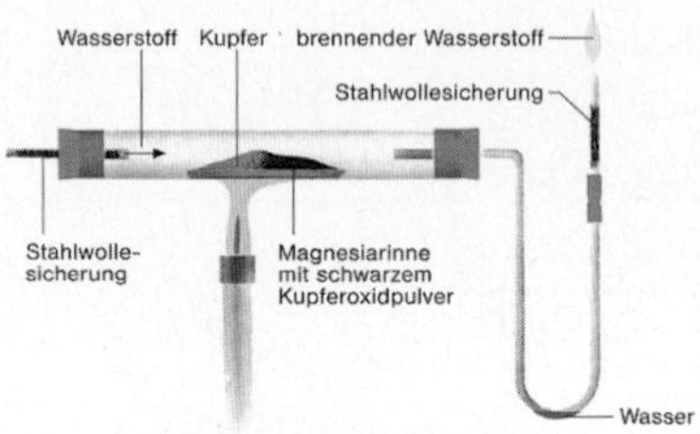

Redoxreaktion

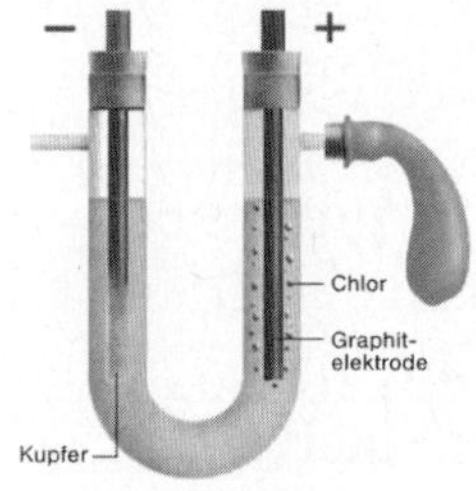

Elektrolyse

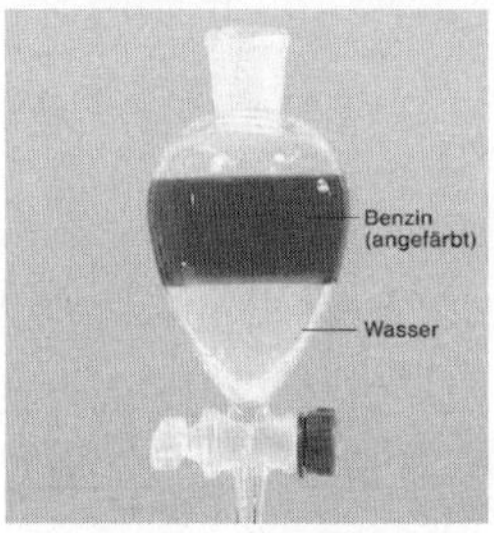

Scheidetrichter

Papierchromatografie

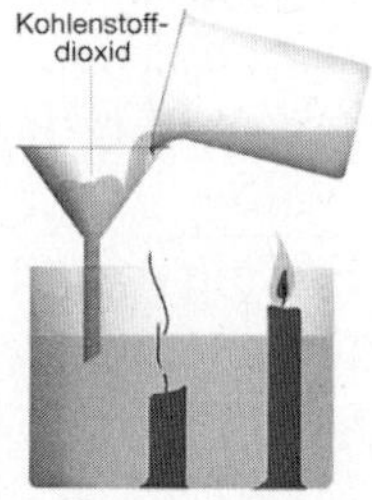

Kohlenstoffdioxid

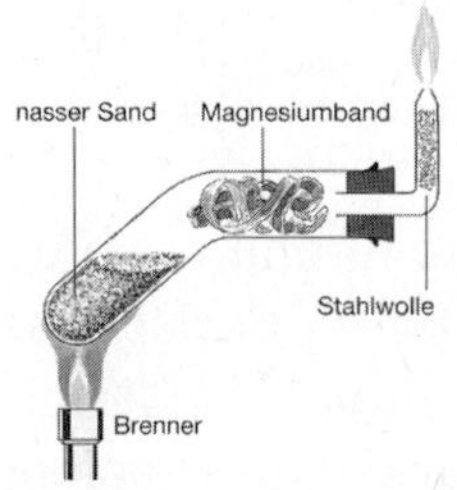

Zerlegung von Wasser

Schwefel

Pro Spieler einmal kopieren.

Schwefeldioxid

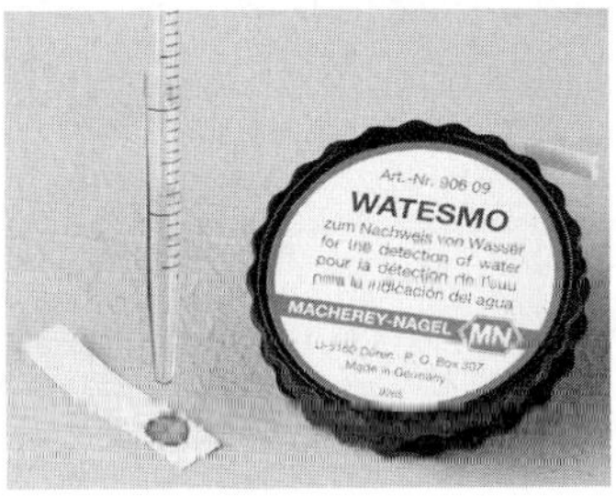

Wasser

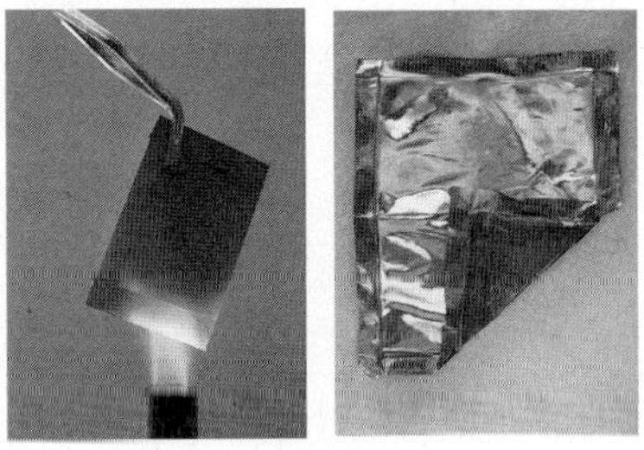

CuO

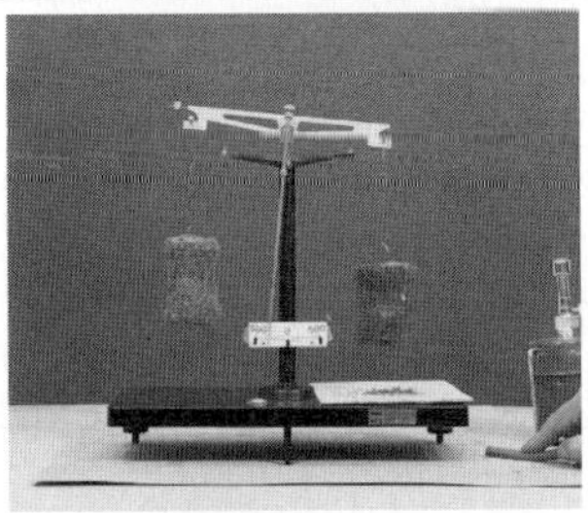

Fe_2O_3

Al_2O_3

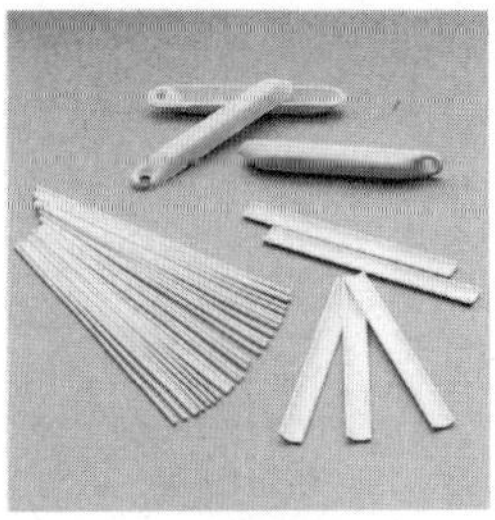

MgO

Gold

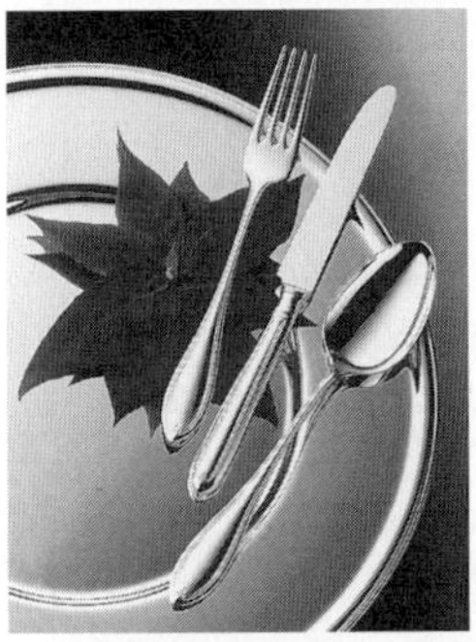

Silber

Kupfer

Magnesium

Eisen

Aluminium

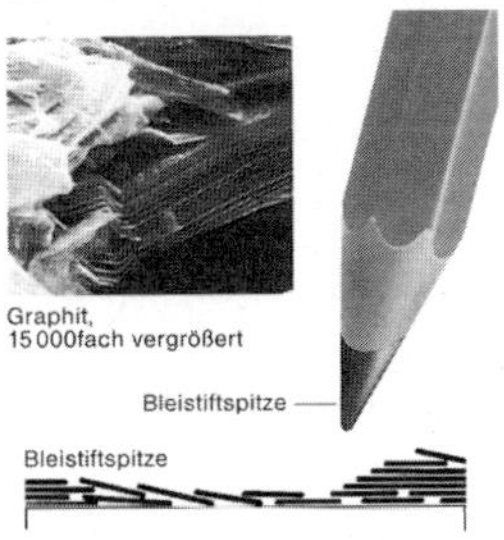

Kohlenstoff

Sauerstoff

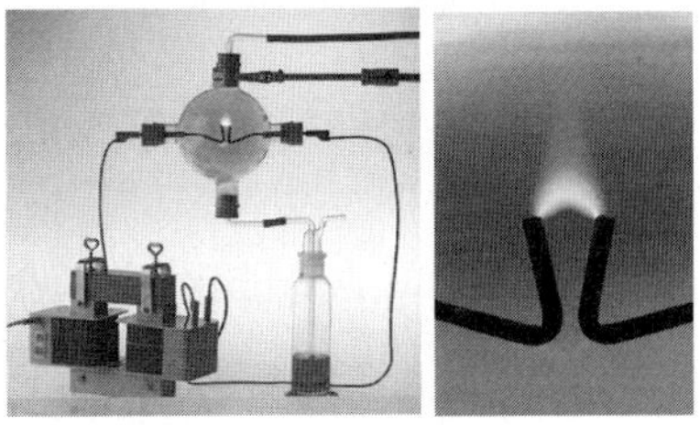

Stickstoff

Pro Spielgruppe einmal kopieren.

Spezialtiegel zur Reaktion eines **Thermitgemisches.**

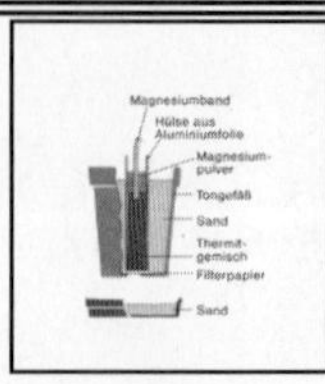

Versuchsanordnung,
- mit der man sehr stark exotherme Redoxreaktionen durchführen kann,
- bei der Aluminium das Reduktionsmittel ist,
- mit der man Eisen aus seinen Oxiden gewinnen kann.

Filtrieren: Die unlöslichen Bestandteile des Gemisches verbleiben aufgrund ihrer Größe als Rückstand auf dem Filter. Gelöste Stoffe können ungehindert die Filterporen passieren.

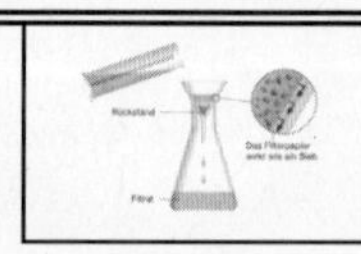

Eine Methode zur Trennung
- eines Gemisches,
- eines ungelösten Feststoffes von einer Flüssigkeit,
- eines Gemisches aus Sand und Salzwasser,
- größerer Partikel von kleineren.

Durch **Eindampfen** können feste Stoffe aus Lösungen zurückgewonnen werden (unterschiedliche Siedetemperaturen).

Versuchsanordnung, mit der
- aus einer Lösung der feste Stoff zurückgewonnen werden kann,
- ein Gemisch bei höherer Temperatur schneller getrennt wird,
- man aus Salzwasser das Salz isolieren kann.

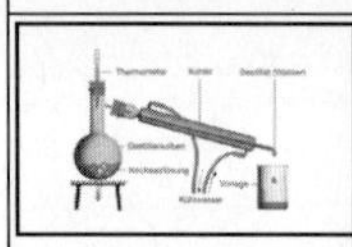

Destillation: Trennung von Flüssigkeitsgemischen aufgrund unterschiedlicher Siedetemperaturen.

Apparatur,
- mit der man Flüssigkeitsgemische trennen kann,
- mit der ein Gemisch durch Verdampfen und anschließendes Kondensieren getrennt wird,
- bei der mit einem Gegenstromkühler (Liebig) gekühlt wird,
- mit der aus Wein Branntwein gewonnen werden kann.

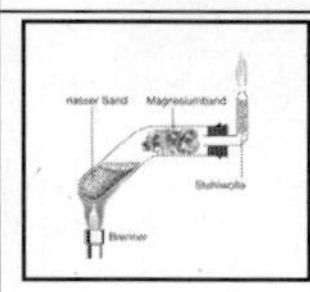

Zerlegung von Wasser: Wasserdampf reagiert mit aktiviertem Magnesium, Eisen oder Zink zu Metalloxid und Wasserstoff.

Versuchsanordnung, bei der
- ein Oxid zerlegt wird,
- mit einer Brennerflamme aktiviert wird,
- dem wichtigsten Nichtmetalloxid der Sauerstoff entrissen wird,
- im Innern keine Luft anwesend sein darf.

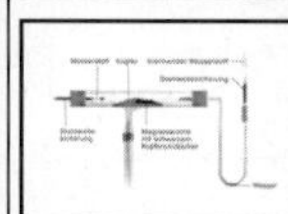

Redoxreaktion: Wasserstoff hat ein größeres Bindungsbestreben zu Sauerstoff als ein Halbedel- oder Edelmetall. Wasserstoff ist das Reduktionsmittel.

Versuchsanordnung, bei der
- Metalloxide reduziert werden,
- das Reduktionsmittel ein Gas ist,
- ein schwarzes Oxid zu einem rötlichem Metall reduziert wird,
- mit einer Brennerflamme aktiviert wird.

Fe_2O_3

Formel für einen Stoff, der
- beim Verbrennen des Metalls in Sauerstoff entsteht,
- in der Industrie mit Kohlenstoff beziehungsweise Kohlenstoffmonooxid reduziert wird,
- bei Normalbedingungen ein Feststoff ist,
- ein Bestandteil von porösem Rost ist.

Al_2O_3

Formel für
- ein Metalloxid,
- ein Produkt des Thermitverfahrens,
- einen Stoff, der aus Bauxit gewonnen wird,
- einen Stoff, der auf der Metalloberfläche eine luft- und wasserundurchlässige Schicht bildet.

MgO

Formel für den Stoff, der
- das Verbrennungprodukt eines Metalls ist,
- erst bei 2802 °C schmilzt,
- sehr schwer zum Metall reduziert werden kann,
- im Labor in Form von Stäbchen oder Rinnen verwendet wird.

Pro Spielgruppe einmal kopieren

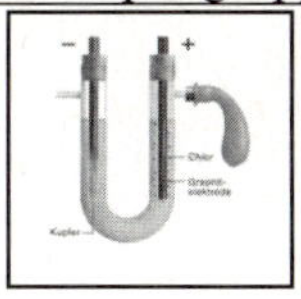

Elektrolyse: chemische Reaktionen mithilfe des elektrischen Stroms.

Eine experimentelle Methode,
- mit der man Stoffe zerlegen kann,
- bei der die elektrische Gleichspannung eine Rolle spielt,
- mit der aus einer Kupferchloridlösung metallisches Kupfer und Chlor hergestellt werden können.

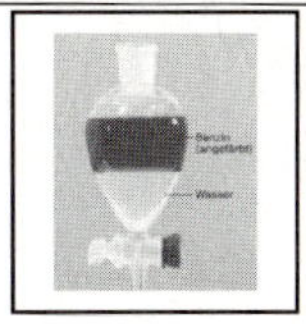

Zwei flüssige Stoffe, die nicht ineinander löslich sind, lassen sich im **Scheidetrichter** trennen.

Ein Gerät zur Trennung
- zweier Stoffe aufgrund ihrer unterschiedlichen Dichte,
- von Benzin und Wasser,
- von Gemischen aus zwei flüssigen Stoffen,
- von nicht ineinander löslichen Flüssigkeiten.

Papierchromatografie: Im Fließmittel gelöste Stoffe haften an den Papierfasern unterschiedlich fest („Hafttrennung").

Eine experimentelle Methode,
- bei der für die Trennung die unterschiedliche Haftfähigkeit auf einem Filterpapier genutzt wird,
- mit der sich kleinste Portionen von Gemischen voneinander trennen lassen,
- mit der sich Farbgemische von Filzstiften entschlüsseln lassen.

Gold

Ein Stoff,
- nach dem Medaillen benannt sind,
- der zu den Schwermetallen gehört,
- der gewöhnlich als Legierung im Handel ist,
- der ein geringeres Bindungsbestreben zu Sauerstoff hat als Silber.

Silber

Ein Stoff,
- dessen Dichte größer als $5 g/cm^3$ ist,
- aus dem Olympiamedaillen bestehen können,
- der ein geringeres Bindungsbestreben zu Sauerstoff hat als Wasserstoff,
- aus dem edle Essbestecke bestehen.

Kupfer

Ein Stoff, der
- den elektrischen Strom gut leitet,
- für Leitungsrohre und Stromkabel verwendet wird,
- als Legierung bereits im Altertum große Bedeutung hatte,
- ein geringeres Bindungsbestreben zu Sauerstoff hat als Wasserstoff.

Magnesium

Ein Stoff, der
- zu den Erdalkalimetallen gehört,
- eine Dichte kleiner als $5 g/cm^3$ hat,
- unedel und trotzdem an der Luft korrosionsbeständig ist,
- ein stärkeres Bindungsbestreben zu Sauerstoff hat als Wasserstoff.

Eisen

Ein Stoff, der
- das wichtigste Gebrauchsmetall ist,
- in festem Zustand den elektrischen Strom leitet,
- ein größeres Bindungsbestreben zu Sauerstoff hat als Wasserstoff,
- im Hochofen aus seinen Oxiden durch Reduktion mit Kohlenstoff bzw. Kohlenstoffmonooxid hergestellt wird.

Aluminium

Ein Stoff, der
- ein häufig verwendetes Metall ist,
- in festem Zustand den elektrischen Strom leitet,
- schnell eine schützende Oxidschicht bildet,
- ein Reduktionsmittel beim Schweißen von Eisenteilen ist,
- als Folie verwendet wird.

Pro Spielgruppe einmal kopieren

Kohlenstoff

Ein Element,
- dessen Atome Stoffe mit sehr verschiedenen Eigenschaften (Modifikationen) bilden können,
- das ein sehr giftiges Oxid bildet,
- das die gelbe Farbe von Kerzenflammen verursacht,
- aus dem Ruß und Diamant bestehen.

Sauerstoff

Ein Gas, das
- ein Bestandteil der Luft ist,
- reaktionsfreudig ist,
- nicht brennbar ist,
- eine größere Dichte als Luft hat,
- nicht so schmeckt, wie der Name erwarten lässt.

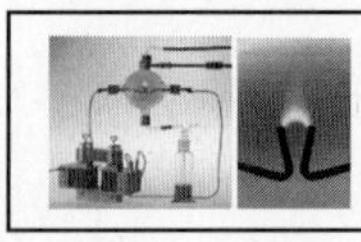

Stickstoff

Ein Gas, das
- giftige Oxide bilden kann,
- ein Bestandteil der Luft ist,
- nicht brennbar ist,
- als reaktionsträge beschrieben wird.

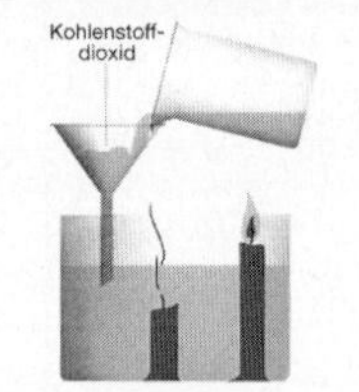

Kohlenstoffdioxid

Ein Gas, das
- ein Bestandteil der Luft ist,
- als Löschmittel eingesetzt wird,
- Flammen erstickt,
- ein Oxid ist,
- beim Verbrennen von Holz entsteht.

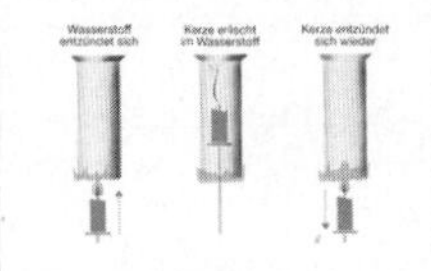

Wasserstoff

Ein Gas,
- in dem eine Flamme erstickt,
- das brennen kann,
- aus dem durch Reaktion mit Sauerstoff ein lebenswichtiges Oxid entsteht,
- das unsichtbar, geruch- und geschmacklos ist.

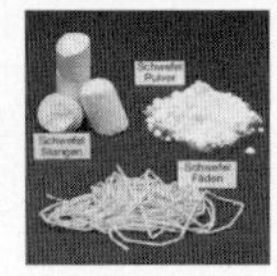

Schwefel

Ein Stoff, der
- mit blauer Flamme brennt,
- bei Zimmertemperatur fest ist,
- ein Nichtmetall ist,
- in verschiedenen Modifikationen vorkommt.

Schwefeldioxid

Ein Gas, das
- farbige Blüten bleicht,
- nicht brennen kann,
- ein Nichtmetalloxid ist,
- zur Haltbarmachung von Trockenfrüchten verwendet werden kann,
- stechend riecht.

Wasser

Ein Stoff, der
- in der uns umgebenden Luft vorkommt,
- als Löschmittel eingesetzt wird,
- ein Nichtmetalloxid ist,
- dessen Anomalie von großer Bedeutung ist.

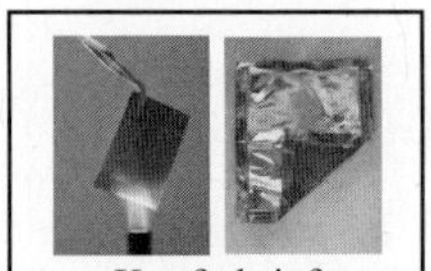
Kupferbrief

CuO

Formel für einen Stoff, der
- ein schwarzes Oxid ist,
- eine Verbindung aus Metall und Nichtmetall ist.
- mit Wasserstoff reduziert werden kann,
- aus einem rötlichen Metall entstanden ist.

Party- und Stammtisch-Chemie

Spielbeschreibung:	Quizartiges Spiel	
Fachliche Voraussetzungen	Gruppengröße	Herstellung der Karten
Chemische Grundkenntnisse, umwelt- und chemieorientiertes Allgemeinwissen	3 bis 6	Quiz-, Tipp- und Kontrollkarten auf Papier oder Karton kopieren und laminieren

Spielmaterial Quizkarte

Kontrolle
Quizkarte
Nr.21
II und III
überzeugen.

Tipp
II

Tipp
III

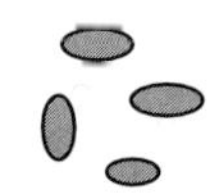

Bohnen

Spielstrategie: Einzelne „Gesprächsfetzen“ von Partygästen oder einer Stammtischrunde (Quizkarte) sollen fachlich bewertet werden. Als Antwort auf die Frage werden Tippkarten zusammen mit einem Wetteinsatz (Bohnen) vorgelegt. Bei richtigen Tipps wird der Wetteinsatz aus der gemeinsamen „Kasse“ (Dose mit Bohnen) vervielfacht. Falsche oder nur teilweise richtige Tipps sind mit einem Bohnenverlust verbunden. Zur Überprüfung dienen Kontrollkarten.

Empfehlungen zu Spielregeln und Spielverlauf	
Spielbeginn	Die Quizkarten werden gemischt und als Stapel verdeckt in die Mitte gelegt. Jeder Spieler erhält vier Tippkarten (Tipp I bis Tipp IV), die gleiche Anzahl von Kontrollkarten und zehn Bohnen. Ein Mitspieler betreut nebenher die Bohnenkasse. Die Kontrollkarten werden verdeckt gehalten. Der Preis für den Gewinner wird festgelegt.
Spielverlauf Quizkarte Tipps Wetteinsatz Kontrolle Gewinn Verlust	Eine erste Quizkarte wird aufgedeckt. Der Besitzer der dazugehörenden Kontrollkarte liest zunächst die Zentralfrage auf der Quizkarte und dann die Einzelaussagen vor, darf aber nicht mittippen. Die übrigen Spieler müssen ihr Urteil abgeben, indem sie die Tippkarten mit den Nummern der richtigen Antworten verdeckt zusammen mit ihrem Bohneneinsatz (mindestens eine und höchstens fünf Bohnen) bereitlegen. Grundsätzlich können ein, zwei, drei oder alle vier Tipps zutreffen. Wer richtig getippt hat, behält seinen Wetteinsatz und bekommt zusätzlich als Gewinn von der Kasse die gleiche (oder doppelte,......) Anzahl Bohnen. Bei falschem oder nur teilweise richtigem Tipp gehören die Bohnen dem Kontrolleur. Hat ein Mitspieler alle Bohnen verspielt, so kann er nur noch hoffen, als Prüfer wieder Bohnen zu „verdienen“.
Spielende Gewinner	Wenn alle Quizkarten im Spiel waren oder die festgelegte Zeit vorüber ist, wird der Gewinner ermittelt. Den vereinbarten Preis erhält der Spieler mit den meisten Bohnen.
Hinweis	Wer mit den Vorgaben auf den Kontrollkarten nicht einverstanden ist, muss seinen Einspruch überzeugend begründen. Eine daraus sich entwickelnde Diskussion ist in diesem Spiel ausdrücklich erwünscht.

1

Was stimmt?

I: Ohne Autokatalysator wäre das Ozonloch da oben noch viel größer.

II: Ein Katalysator hilft dabei, den Treibhauseffekt zu vermindern.

III: Die Luftqualität wird durch ihn verbessert.

IV: Ohne Katalysator wäre die Ozonkonzentration hier unten am Boden größer.

2

I: Regenwasser kann man im Gegensatz zur Volksmeinung gut trinken; es kommt ja aus großer Höhe.

II: Es ist weiches Wasser.

III: Wegen der Abgase in der Luft halte ich es für schmutzig.

IV: Regenwasser ist so rein wie destilliertes Wasser.

Was trifft zu?

3

I: Bei diesem schönen Wetter bildet sich leider hier unten ein gefährliches Ozonloch.

II: Ich habe gelesen, dass Ozon mit Regenwasser eine gefährliche Säure bildet.

III: Ozon ist doch eine reine Sauerstoffverbindung.

IV: Hier unten ist oft zu viel Ozon und da oben zu wenig!

Wer ist noch Ozonlaie?

4

I: Guck mal, der lässt einfach seine Bierflasche auf dem Parkplatz liegen!

II: Und der Ölfilm unter deinem alten Golf?

III: Dein Waldi hinterlässt nach meiner Ansicht den übelsten Dreck!

IV: Deine weggeworfenen Zigarettenkippen sind als Schmutz kaum noch zu überbieten!

Wer weist auf die schlimmste Verschmutzung hin?

5

Wer hat im Unterricht aufgepasst?

I: Der Autokatalysator verringert den NO_x-Ausstoß.

II: Du meinst wohl die SO_2-Emission!

III: Aus dem Auspuff kommt jedenfalls mit Katalysator weniger CO_2 heraus.

IV: Falsch! Kohlenstoffmonooxid wird deutlich verringert.

6

I: Die H_3O^+-Ionen im Regen verursachen viele Schäden.

II: Die CO_2-Emission ist Hauptursache für H_3O^+ im Regenwasser.

III: Du verwechselst dies mit SO_2, einem Hauptverursacher von Saurem Regen.

IV: Ihr tickt alle nicht richtig! Aus CO_2 oder SO_2 kann doch nicht H_3O^+, also etwas Wasserähnliches entstehen!

Über welche Aussagen wirst du als Chemiker/in sauer?

7

Welche der Aussagen ist falsch?

I: Diesen Becher aus PS (Polystyrol) darfst du auf keinen Fall ins Feuer werfen, weil dann SO_2 entsteht!

II: Meine alten Socken aus reiner Schurwolle sind dagegen kein Problem! Natürliches Material darf man bedenkenlos verbrennen, denn es entsteht sicher kein schädliches Schwefeldioxid.

8

Antioxidationsmittel verhindern das Ranzigwerden von Fett, weil sie als schwache Gifte auf Bakterien wirken. (I)

II: Sie bilden doch einen gasundurchlässigen Schutzfilm.

III: Ich nehme an, dass sie wesentlich schneller als Fett mit eindringendem Sauerstoff reagieren.

Wer erzählt Unsinn?

9

Welches Material ist „reine Natur"?

I: Bei Kleidung lege ich Wert auf „reine Natur", deshalb hätte ich mir fast eine Bluse aus Seide, genauer Viskoseseide, gekauft.

II: Polyester klingt zwar wie Chemie, ist aber eine reine Naturfaser.

III: Ich würde dir Schurwolle direkt vom Schaf empfehlen.

10

Weinessig
6% Säure

I: 6% Weinsäure geben dem Essig sein typisches Aroma!

II: Diese Aufschrift steht nur bei Zusatz von natürlicher Citronensäure.

III: 6% bezieht sich doch auf die gleiche Säure wie im Apfelessig: die Essigsäure.

Wer ist Essigspezialist?

11

Wer kennt sich aus?

I: Ich bevorzuge Süßigkeiten mit Zuckeraustauschstoffen, weil diese gut für die „Linie" sind.

III: Sie sind natürlicher als weißer Kristallzucker, also gesünder.

II: Sie können sehr wohl dick machen, sind aber für Diabetiker weniger problematisch.

12

Sag du, was richtig ist!

I: Rohrzucker heißt auch „Saccharose".

II: Traubenzucker ist der gleiche Zucker wie Rohrzucker.

III: Chemisch gesehen ist Zucker gleich Zucker!

IV: Saccharose ist doch Rübenzucker.

13

I: Ich akzeptiere in Lebensmitteln nur Konservierungsstoffe, die wie zum Beispiel Ameisensäure auch in der Natur vorkommen!

II: Dann darfst du auch keine Einwände gegen Benzoesäure haben!

III: Deshalb habe ich auch nichts gegen Sorbinsäure!

IV: Und erst recht nichts gegen geschwefelte Trockenfrüchte.

Wer kennt sich aus?

14

Wer täuscht sich?

I: Einfach genial, wie mein Silberputztuch die schwarze Oxidschicht reduziert!

II: Angelaufenes Silber hat doch eine Sulfidschicht.

III: Mein Silberlöffel wird immer durch den Kohlenstoff des Eiweißes schwarz.

IV: Ursache für das Anlaufen des Löffels ist zum Beispiel der Schwefel im Frühstücksei.

15

I: Vitamin C ist eine Säure, die in Zitronen vorkommt.

II: Ja, ich weiß, Vitamin C ist Citronensäure.

III: Vitamin C heißt in der Chemie nicht Citronensäure, sondern Ascorbinsäure.

Was ist zutreffend?

16

I: Der Süßstoff Aspartam macht nicht dick und schadet meinen Zähnen nicht.

II: Zucker kann dick machen. Die Zähne greift er aber nicht an.

III: Zuckeraustauschstoffe, wie zum Beispiel Fructose, sind den Süßstoffen sehr ähnlich.

IV: Zucker ist ein Nährboden für Bakterien im Mund. Sie verwandeln Zucker in Säuren, die dann den Zahnschmelz angreifen.

Was ist richtig?

17

Was stimmt?

I: Ellen, glaub mir, in Vollmilch gibt es mehr Vitamin A als in Magermilch.

II: Das kann nicht sein, Silke. Fett hat doch nichts mit Vitamin A zu tun!

III: Vitamin A ist lipophil, das heißt fettlöslich. Deshalb löst sich in „fetter" Vollmilch mehr davon als in der weniger „fetten" Magermilch.

18

I: Bei noch besserer Qualität des Benzins könnte man den Ausstoß von Stickstoffoxiden noch wesentlich verringern.

II: Noch idealer wäre in dieser Hinsicht die Verbrennung eines Wasserstoff-Luft-Gemisches zu Wasser.

III: Ihr irrt euch beide!

Wer hat Recht?

19
I
Die Kerzenflamme ist brennendes Gas!
II
Bei einer Kerze brennt nur der Docht.
III
Ja, Wachs ist nur dazu da, dass der Docht nicht zu schnell abbrennt.
IV
Wachs kann auch ohne Docht brennen!
Wer kennt sich aus?

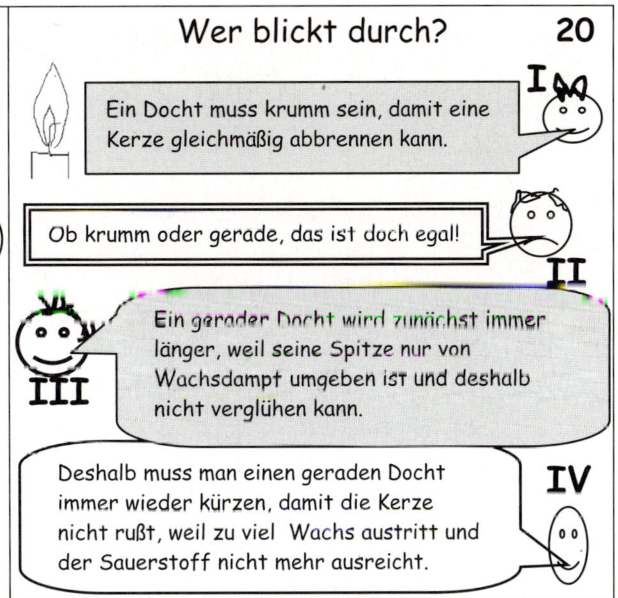
Wer blickt durch?
20
I
Ein Docht muss krumm sein, damit eine Kerze gleichmäßig abbrennen kann.
II
Ob krumm oder gerade, das ist doch egal!
III
Ein gerader Docht wird zunächst immer länger, weil seine Spitze nur von Wachsdampf umgeben ist und deshalb nicht verglühen kann.
IV
Deshalb muss man einen geraden Docht immer wieder kürzen, damit die Kerze nicht rußt, weil zu viel Wachs austritt und der Sauerstoff nicht mehr ausreicht.

21
I
Ich koche das Trinkwasser immer ab, damit das Nitrat verschwindet.
II
Unsinn! Kochen nützt zum Beispiel etwas bei der Carbonathärte.
III
Beim Abkochen entweichen auch gelöste Gase und Mikroorganismen werden abgetötet.
IV
Auf 60°C erhitzen, das heißt pasteurisieren, reicht aus, um das Wasser trinkbar zu machen.
Wer überzeugt dich?

22
I
Vielen Dank für die hübsche Petroleumlampe. Erstaunlich, dass dieser Brennstoff durch Gärung entstehen kann.
II
Ja, Petroleum ist ungenießbar gemachter „vergällter Alkohol".
III
Petroleum ist doch ein Destillationsprodukt des Erdöls.
IV
Ihr verwechselt Petroleum mit Brennspiritus! Brennspiritus ist vergälltes Ethanol.
Wer sollte sich noch kundigmachen?

23
I
Das Wasser in Italien war total sauber, man konnte im Wasser bis auf den Grund schauen.
II
Das sagt doch gar nichts! Den vielleicht schlimmsten Schmutz kannst du oft gar nicht sehen.
III
Dass Salz drin ist, merkst du ja auch erst beim Wasserschlucken.
IV
Ja! Gelöste Stoffe kann man halt nicht sehen.
Welche Überlegungen sind falsch?

24
I
...Sonnenmilch, weil sie fast die gleichen Inhaltsstoffe wie Trinkmilch hat.
II
Quatsch! „Milch" nur, weil das Sonnenmittel wie Trinkmilch eine Emulsion ist.
III
Die Fettcreme für meine Lippen hat sicher nichts mit Milch zu tun, sie ist keine Emulsion.
IV
Creme ist doch ganz eindeutig eine Suspension.
Wer sollte sich beim Sonnen noch besser informieren?

Kontrolle Quizkarte Nr. 1 III und IV stimmen.	Kontrolle Quizkarte Nr. 2 II und III treffen zu.	Kontrolle Quizkarte Nr. 3 I und II sind noch Ozonlaien.	Kontrolle Quizkarte Nr. 4 II ist am schlimmsten.
Kontrolle Quizkarte Nr. 5 I und IV haben aufgepasst.	Kontrolle Quizkarte Nr. 6 Über II und IV musst du sauer werden.	Kontrolle Quizkarte Nr. 7 I und II sind falsch.	Kontrolle Quizkarte Nr. 8 I und II erzählen Unsinn.
Kontrolle Quizkarte Nr. 9 III ist „reine Natur".	Kontrolle Quizkarte Nr. 10 III ist Essigspezialist.	Kontrolle Quizkarte Nr. 11 II kennt sich aus.	Kontrolle Quizkarte Nr. 12 I und IV sind richtig.
Kontrolle Quizkarte Nr. 13 Alle treffen zu.	Kontrolle Quizkarte Nr. 14 I und III kennen sich mit Silberbesteck noch nicht aus.	Kontrolle Quizkarte Nr. 15 I und III treffen zu.	Kontrolle Quizkarte Nr. 16 I, II und IV sind richtig.
Kontrolle Quizkarte Nr. 17 I und III stimmen.	Kontrolle Quizkarte Nr. 18 III hat Recht.	Kontrolle Quizkarte Nr. 19 I und IV kennen sich bei Kerzenflammen aus.	Kontrolle Quizkarte Nr. 20 I, III und IV blicken durch.
Kontrolle Quizkarte Nr. 21 II und III überzeugen.	Kontrolle Quizkarte Nr. 22 I und II sind noch unkundig.	Kontrolle Quizkarte Nr. 23 I und IV sind falsch.	Kontrolle Quizkarte Nr. 24 I, III und IV sollten sich genauer informieren.

Tipp-Nr. I	Tipp-Nr. II	Tipp-Nr. III	Tipp-Nr. IV
Tipp-Nr. I	Tipp-Nr. II	Tipp-Nr. III	Tipp-Nr. IV
Tipp-Nr. I	Tipp-Nr. II	Tipp-Nr. III	Tipp-Nr. IV
Tipp-Nr. I	Tipp-Nr. II	Tipp-Nr. III	Tipp-Nr. IV
Tipp-Nr. I	Tipp-Nr. II	Tipp-Nr. III	Tipp-Nr. IV
Tipp-Nr. I	Tipp-Nr. II	Tipp-Nr. III	Tipp-Nr. IV

Ab in den Auspuff

Auto fahren mit chemischem Grips

Spielbeschreibung:	Würfel-Karten-Spiel	
Fachliche Voraussetzungen	Gruppengröße	Herstellung des Spielmaterials
Alkane, Bindungsbildung und -trennung, Bindungsenergie	2 bis 4 Spieler	Vorlagen auf Karton kopieren und laminieren

Spielmaterial

Ereigniskarte

Büroklammern

Energiebohnen

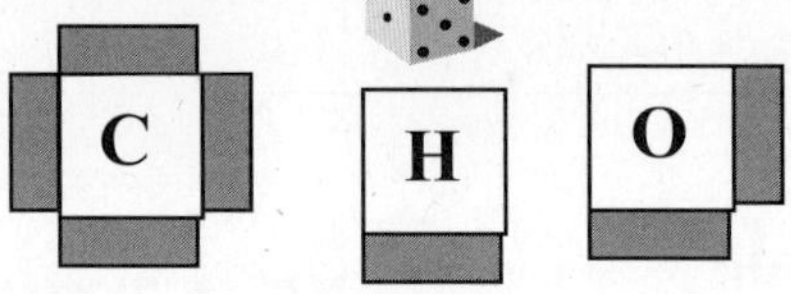

Atomkarten

Energieliste für Bindungstrennungen und -bildungen		
	Augenzahl	Erlaubte Aktionen
	1	Maximal 2 C-H-Bindungen trennen
	2	Maximal 2 O-H-Bindungen bilden
	3 oder 4	1 C-C-Bindung trennen
	5	1 C=O-Doppelbindung bilden
	6	Eine der obigen Aktionen darf ausgeführt werden: Für Bindungstrennungen müssen keine Energiebohnen entrichtet werden. Für Bindungsbildungen werden aber gemäß der Energieumsatzliste Energiebohnen erstattet.
		O=O-Moleküle sind schon in Sauerstoffatome aufgespalten. Diese müssen vor dem Würfeln beim Spielleiter für je 1 EB erworben werden.

Energieumsatz		
Bindung	Trennung einer Bindung Energie ist notwendig. Energiebohnen an die Kasse abgeben in EB	Bildung einer Bindung Energie wird freigesetzt. Energiebohnen werden erstattet in EB
C-H	3	3
C-C	2	2
O-H	3	3
C=O	7	7

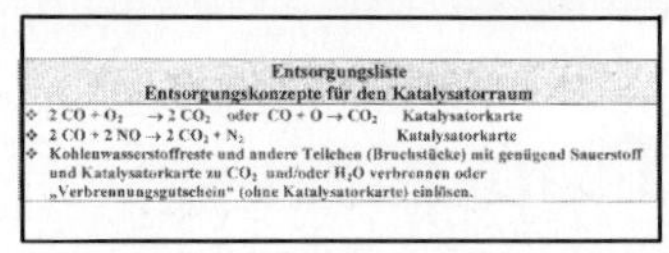

Entsorgungsliste
Entsorgungskonzepte für den Katalysatorraum

- $2\,CO + O_2 \rightarrow 2\,CO_2$ oder $CO + O \rightarrow CO_2$ Katalysatorkarte
- $2\,CO + 2\,NO \rightarrow 2\,CO_2 + N_2$ Katalysatorkarte
- Kohlenwasserstoffreste und andere Teilchen (Bruchstücke) mit genügend Sauerstoff und Katalysatorkarte zu CO_2 und/oder H_2O verbrennen oder „Verbrennungsgutschein" (ohne Katalysatorkarte) einlösen.

Energie- und Entsorgungsliste

Spielintentionen	Alle Spieler haben zunächst die Aufgabe, Zug um Zug „im Zylinder" ein Alkan (Benzinbestandteil) mithilfe von Sauerstoff möglichst schnell und mit optimalem Energiegewinn zu Kohlenstoffdioxid und Wasser abzubauen. Die dazu notwendigen Bindungstrennungen und -bildungen treten nur mit einer gewissen Wahrscheinlichkeit ein. Dies soll durch Würfeln berücksichtigt werden. Für die Trennung einzelner Bindungen muss je nach beteiligten Atomen Energie in Form von Energiebohnen (EB) investiert werden. Bei der Bildung von Bindungen bekommt man entsprechend Bohnen erstattet. Um zu vereinfachen, wird Sauerstoff als Reaktionspartner nicht molekular, sondern schon atomar in das Spiel eingebracht. Daneben werden die Spieler durch Aufnahme von Ereigniskarten mit „Ereignissen" konfrontiert, die teilweise zu einer Änderung der Strategie – insbesondere im Hinblick auf die Entsorgung von Schadstoffteilchen – zwingen können.
Vorbereitung 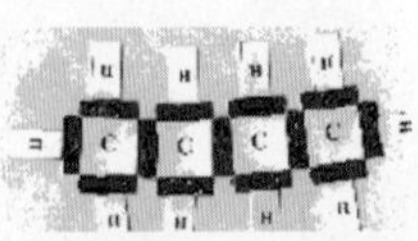 	Der Spielleiter, der selbst auch mitspielt, stellt eine Dose mit Energiebohnen und eine mit Büroklammern bereit. Er mischt die Ereigniskarten und legt sie verdeckt als Stapel auf den Tisch. Jeder Spieler erhält n C- und ($2n$+2) H-Atomkarten (n = 5 bis 8) sowie eine Energie- und Entsorgungsliste. Die Atomkarten werden mithilfe der Büroklammern zu einem Alkan zusammengeheftet. Bei begrenzter Spielzeit können auch Propan oder Butan als Ausgangsstoffe dienen, obwohl sie keine Bestandteile des Benzins sind. Die Sauerstoffatomkarten, mindestens ($3n$+1) x (Anzahl der Spieler), verwaltet der Spielleiter. Als „Aktivierungsenergie" und zum „Erwerb" von Sauerstoffatomkarten bekommt jeder Spieler 12 Energiebohnen zugeteilt.

Empfehlungen zu Spielregeln und Spielverlauf	
Zylinder-runde Oxidation eines Alkans im Motor	In diesem Spielteil werden stoffliche Veränderungen im Zylinder modellhaft mit Atomkarten dargestellt. Aus dem Benzin-Luft-Gemisch entsteht in vielen Schritten im Idealfall Kohlenstoffdioxid und Wasser. Das Spiel beginnt, indem der erste Spieler würfelt und mithilfe der Energieliste seinen Spielzug plant und ausführt. Diese Liste regelt den Zusammenhang zwischen Augenzahl und Bindungsänderungen ebenso wie die Abgabe oder den Erhalt von Energiebohnen. Sobald dieser Spieler fertig ist, würfelt sein Nachbar und führt seinen Spielzug durch. Bindungstrennungen dürfen nur vollzogen werden, wenn der dafür vorgeschriebene Energiebetrag in Form von Bohnen (siehe Energieliste) entrichtet werden kann. Sauerstoffatomkarten müssen vor dem Würfeln beim Spielleiter für eine Energiebohne pro Atom erworben werden. Falls keine Bindungsänderungen vorgenommen werden können, muss eine Ereigniskarte vom Stapel aufgenommen werden. Besitzt ein Spieler nicht genügend Bohnen, um bei einem „eingetretenen“ Ereignis eventuelle Abgabenverpflichtungen zu erfüllen, so muss er C–C- oder C–H-Bindungen gegen Erhalt von Bohnen wiederherstellen. Gebildete CO_2- und H_2O-Moleküle werden aus dem Spiel genommen. Sobald ein Spieler sein Alkan vollständig abgebaut hat, ist die Zylinderrunde für alle beendet.
Auspuffrunde Alle Spieler entwickeln gleichzeitig ein Entsorgungs-konzept. Der Spieler mit den meisten Schadstoff-teilchen beginnt mit der Schilderung seines Entsorgungs-konzepts.	In diesem Spielteil soll die Abgasreinigung modellhaft nachvollzogen werden. Nur Kohlenstoffdioxid, Wasser, Stickstoff und Sauerstoff sollten in die Luft gelangen. Alle übrigen Teilchen müssen aussortiert und noch im Katalysatorraum durch weitere Reaktionen in umweltverträglichere Stoffe umgewandelt werden. Entsorgungskonzepte findet man auf der Entsorgungsliste. Für Entsorgungsreaktionen braucht man Sauerstoff-atomkarten und Katalysator- beziehungsweise Verbrennungskarten. Ein Schadstoffteilchen wird als entsorgt anerkannt, wenn die Vorgaben der Entsorgungsliste erfüllt sind. Bei allen Entsorgungsreaktionen spielen Energieumsätze keine Rolle mehr im Hinblick auf die Fortbewegung des Fahrzeugs und werden daher bei Bindungsbildungen nicht mehr verrechnet (kein Einsatz von Bohnen). Für Bindungstrennungen gelten weiter die bisherigen Bedingungen. Hat ein Spieler während der „Zylinderrunde“ die Entsorgung schlecht geplant, fehlen also die notwendigen Reaktionspartner oder Katalysatorkarten, so gelangen Schadstoffteilchen unverändert in die Luft. Für solche Luftverschmutzungen hat er dann eine Ökoabgabe von sieben Energiebohnen pro Teilchen zu entrichten. Jede nicht benötigte Katalysatorkarte zählt am Ende wie zwei Energiebohnen und jeder nicht eingesetzte Verbrennungsgutschein wird mit vier Energiebohnen verrechnet.
Spielende	Gewinner ist, wer am Schluss die meisten Energiebohnen besitzt: Er hat aus dem Benzin die größte Energiemenge zum Autofahren freigesetzt, wenig Schadstoffteilchen produziert und damit die Umwelt geschont.

Energieliste
für Bindungstrennungen und -bildungen

Augenzahl	Erlaubte Aktionen
1	Maximal 2 C–H-Bindungen trennen
2	Maximal 2 O–H-Bindungen bilden
3 oder 4	1 C–C-Bindung trennen
5	1 C=O-Doppelbindung bilden
6	Eine der obigen Aktionen darf ausgeführt werden: Für Bindungstrennungen müssen keine Energiebohnen entrichtet werden. Für Bindungsbildungen werden aber gemäß der Energieumsatzliste Energiebohnen erstattet.

O=O-Moleküle sind schon in Sauerstoffatome aufgespalten. Diese müssen vor dem Würfeln beim Spielleiter für je eine EB erworben werden.

Energieumsatz

Bindung	Trennung einer Bindung (Energie ist notwendig) Energiebohnen an die Kasse abgeben!	Bildung einer Bindung (Energie wird freigesetzt) Energiebohnen werden erstattet!
C–H	3 EB	3 EB
C–C	2 EB	2 EB
O–H	3 EB	3 EB
C=O	7 EB	7 EB

Entsorgungsliste
Entsorgungskonzepte für den Katalysatorraum

- $2\ CO + O_2 \rightarrow 2\ CO_2$ oder $CO + O \rightarrow CO_2$ und Katalysatorkarte
- $2\ CO + 2\ NO \rightarrow 2\ CO_2 + N_2$ und Katalysatorkarte
- Kohlenwasserstoffreste und andere Teilchen (Bruchstücke) gelten als entsorgt, wenn man sie mit genügend Sauerstoffatomkarten, einer Katalysatorkarte und Energiebohnen zu CO_2 und/oder H_2O „verbrennen" kann.
  Das gleiche Ziel kann aber auch allein durch Vorlage eines Verbrennungsgutscheines erreicht werden.

Mit dem Katalysator stimmt was nicht!

Wegen der notwendigen Reparatur musst du eine Runde aussetzen.

Es geht doch auch ohne Fehlzündungen!

Deine lärmgeschädigten Mitspieler bekommen von dir je 1 EB.

Mit richtigem Reifendruck sparst du Benzin!

Vorbildlich! Du darfst eine Bindung trennen oder bilden.

Dachlastenträger erhöhen den Benzinverbrauch!
Du montierst sie trotzdem nicht ab.

Als „Denkzettel” musst du eine C–C- oder zwei C–H-Bindungen bilden!

Unnötiges Gasgeben verbindest du mit sinnloser Rohstoffverschwendung!

Dies ist ein Verbrennungsgutschein. Behalte also diese Karte!

Weißer Nebel im Abgas ist vor allem Wasser!

Ohne zu würfeln darfst du ein H–O–H bauen.

Fahrgemeinschaften helfen Energie sparen!

Du und alle Mitspieler bekommen von der Kasse 2 EB.

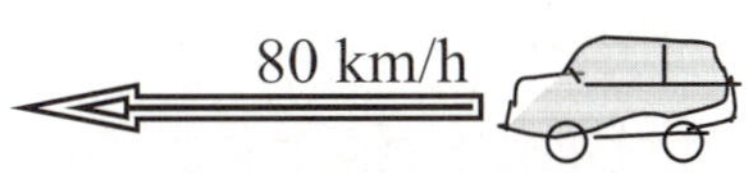

Du schaltest rechtzeitig in den höheren Gang!

Als Energiesparer erhältst du diesen Verbrennungsgutschein.

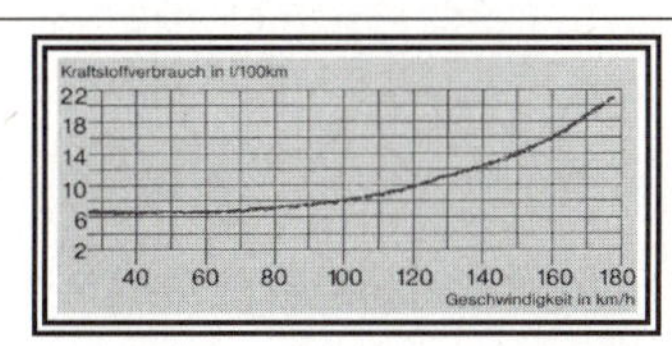

Langsamer, dafür aber geringerer Spritverbrauch!

Ein wichtiger Beitrag zum Umweltschutz.
Würfle nochmals!

Mit dieser Katalysatorkarte darfst du 2 NO-Moleküle oder 1 CO-Molekül entsorgen.

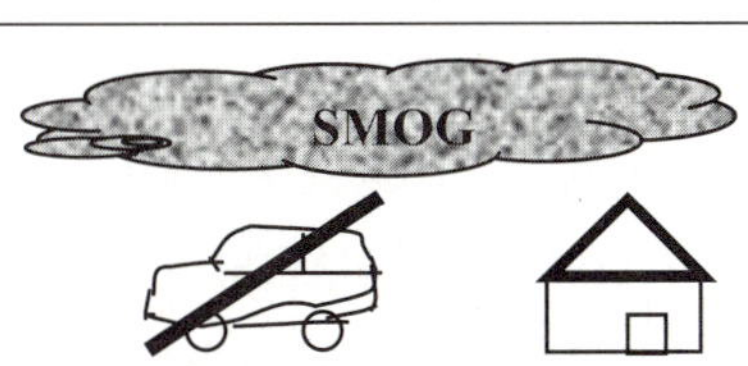

Bei solchen Wetterlagen fährst du mit dem Zug.

Diese lobenswerte Entscheidung wird mit 2 EB belohnt.

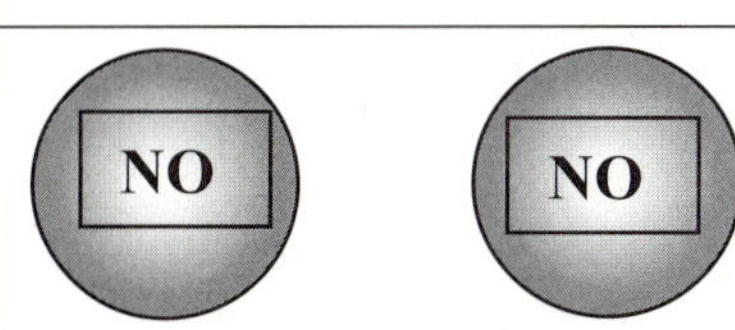

Schadstoff! Bildet Sauren Regen und Ozon!

Entsorgungsgutschein für diese beiden Moleküle in der Auspuffrunde!

Das „Aufheulen“ deines Mofa-Motors ist nur ein sinnloser Energieverbrauch!

Du findest dies aber spitze!

Gib jedem 1 EB!

Durch zu viele Fehlzündungen Energieverlust und mehr Schadstoffe!

Das stört dich. Für neue Zündkerzen bekommst du 3 EB.

Kurze Wege zu Fuß sind gesünder, umweltfreundlicher und billiger.

Du verzichtest auf dein Mofa! Würfle dafür noch einmal!

Bei längeren Rotphasen stellst du den Motor ab.

Die Anwohner danken es dir. Jeder Mitspieler spendiert dir eine Sauerstoffatomkarte.

Schon wieder zu wenig Sauerstoff im Zylinder!

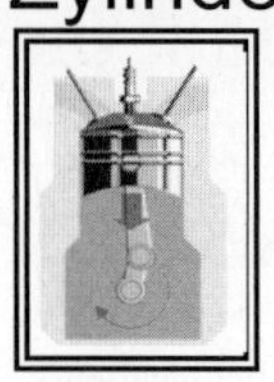

Besorg dir sofort 3 Sauerstoffatomkarten!

Regelmäßige Inspektionen garantieren eine geringere Schadstoffemission.

Du hältst sie aber für überflüssig! 1 EB als Ökoabgabe an jeden Mitspieler.

„Fett ist schlecht- mager ist gut!“

Dieses Motto gilt auch nicht für Benzin-Luft-Gemische.

Für eine Information im Internet bekommst du 4 EB.

Dein Freund schätzt deinen ausgeglichenen, Energie sparenden Fahrstil.

Wer so imponiert, darf noch einmal würfeln!

Trotz seiner „Trägheit“ reagiert Stickstoff im Zylinder mit Sauerstoff.

Gut in Chemie aufgepasst! Du bekommst von jedem 1 EB!

Nur ein heißer Katalysator beschleunigt die Schadstoffumwandlung.

Dies musst du noch lernen! Pausiere eine Runde!

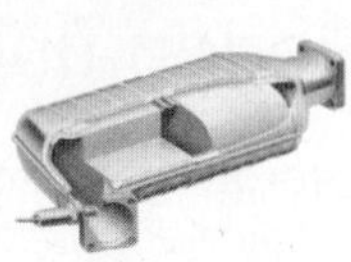

Kohlenwasserstoffe sollten nicht in die Luft gelangen: Treibhauseffekt!

Für dich eine altbekannte Tatsache. Würfle noch einmal.

Zwei Jahre unfallfrei und umweltfreundlich Mofa gefahren!

Als Anerkennung erhältst du diesen Verbrennungsgutschein und 3 EB.

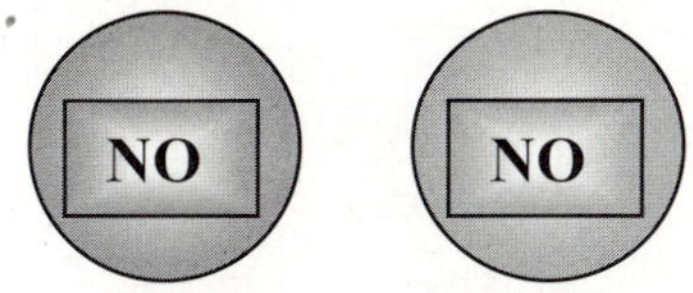

Stickstoffoxide schädigen die Lunge und stören die Zellatmung.

Entsorge diese beiden Moleküle!

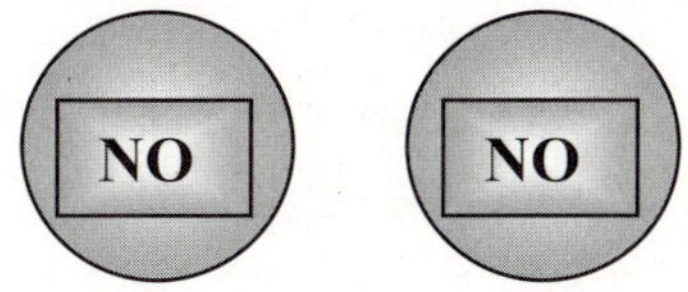

Du kennst die Gleichung:
$N_2 + O_2 \rightarrow 2\,NO$

4 EB als Anerkennung für so viel chemischen Grips!

Austropfendes Motorenöl verunreinigt stark das Grundwasser!

Du lässt diesen Schaden sofort reparieren. Bilde zwei O–H Bindungen und kassiere 6 EB!

Hochgiftig und sinnlich nicht direkt wahrnehmbar!

Muss im Katalysatorraum in CO_2 umgewandelt werden. Kann aber auch NO zu N_2 reduzieren!

Entsteht fast nicht in gut eingestellten Dieselmotoren!

Erkundige dich, ob dies zutrifft! Für deine Mühe 4 EB.

Blockiert den Sauerstofftransport im Blut!

Sorge dafür, dass Kohlenstoffmonooxid nicht in die Luft gelangt!

Du bist ein Glückspilz!

In der Auspuffrunde bekommst du vom Spielleiter bis zu 6 Sauerstoffatomkarten.

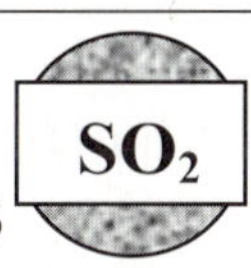

Der Anteil des Verkehrs an der SO_2-Emission ist mit ca. 8% relativ gering!

Dies ist trotzdem noch zu viel. 3 EB an die Kasse!

Manche wollen Auto fahren und schimpfen gleichzeitig darüber!

Du klärst sie über die „Chemie des Autofahrens“ auf und erhältst von jedem 1 EB!

Zu viel Kohlenstoffmonooxid im Abgas!

Du hast Glück: Diese Karte berechtigt zur Oxidation des gesamten Kohlenstoffmonooxids.

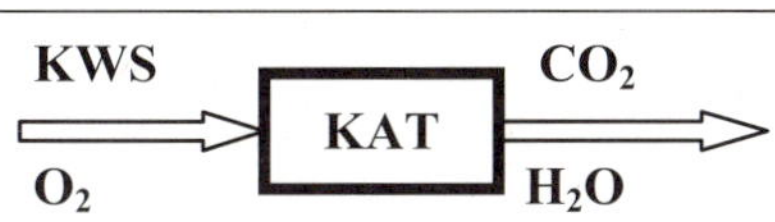

Im Zylinder zu viel Alkane und zu wenig Sauerstoff!

Mit diesem Verbrennungsgutschein darfst du alle Kohlenwasserstoffreste entsorgen!

Autofahren mit Köpfchen Teststrecke: 20 km	Fahrer 1	Fahrer 2
Fahrzeit in min	39	32
Ampelstops	7	20
Bremsvorgänge	15	40
Schaltvorgänge	55	120
Spurwechsel	0	50
Kraftstoffverbrauch l/28 km	2	3

Auto fahren mit „Köpfchen“!

Du gehörst dazu. Jeder gibt dir am Schluss 2 EB.

CO Starkes Atemgift! Kohlenstoffmonooxid musst du in der Auspuffrunde entsorgen.	CO Kohlenstoffmonooxid ist im Katalysator für die Reaktion mit NO wichtig. In der Auspuffrunde entsorgen.	CO Die Lambdasonde misst den Anteil an Kohlenstoffmonooxid. Lass dieses Gift nicht entweichen!
NO NO Pech gehabt! Leider hat auch der Luftstickstoff mit Sauerstoff reagiert. Stickstoffmonooxid musst du in der Auspuffrunde entsorgen.	NO NO Im Motor ist es so heiß, dass Stickstoff mit Sauerstoff reagiert. NO kannst du im Katalysator unschädlich machen.	NO NO Zu viel Luft im Verbrennungsraum tut auch nicht gut! Stickstoffmonooxid musst du in der Abgasrunde unschädlich machen.
Der Motor ist optimal eingestellt und produziert keine vermeidbaren Schadstoffe.  Ein beliebiges Schadstoffteilchen gilt als entsorgt.	Du weißt, dass auch tropfendes Öl ein Schadstoff ist.  Ein beliebiges Schadstoffteilchen gilt als entsorgt.	Du fährst auf der Autobahn vorausschauend und mit mäßiger Geschwindigkeit.  Die nächste Bindungstrennung kostet dich 1 EB weniger.
Beim Kauf deines Fahrzeuges hast du Wert auf den Benzinverbrauch gelegt.  Zur Belohnung kostet dich die nächste Bindungstrennung 2 EB weniger.	Du fährst im Sommer immer noch mit Winterreifen und brauchst dadurch mehr Kraftstoff.  Wegen dieses Unsinns zahlst du für die nächste Bindungstrennung 2 EB mehr.	CO Kohlenstoffmonooxid blockiert den Sauerstofftransport im Blut. Entsorge dieses Gift möglichst vollständig!

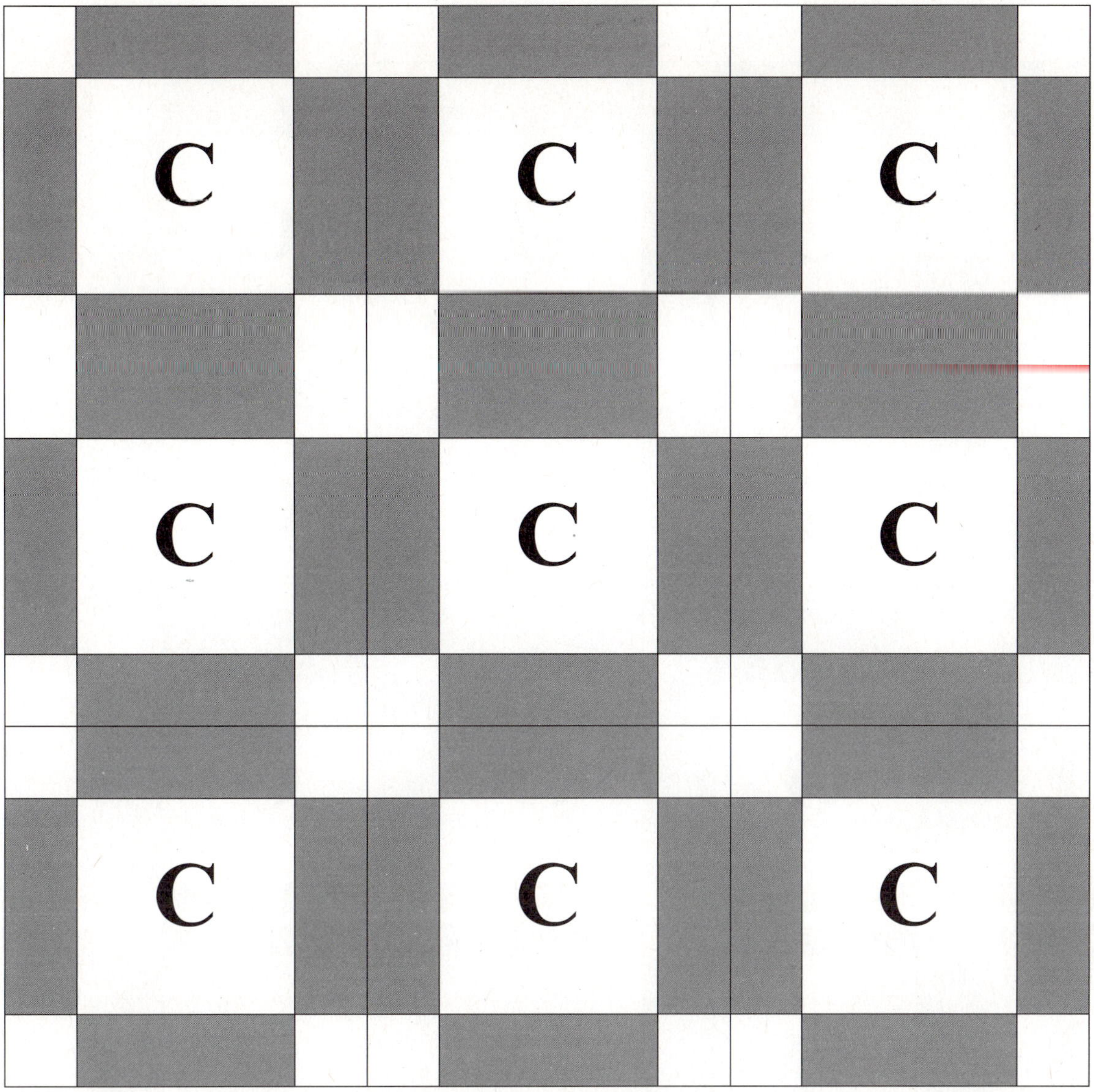
C
C
C
C
C
C
C
C
C

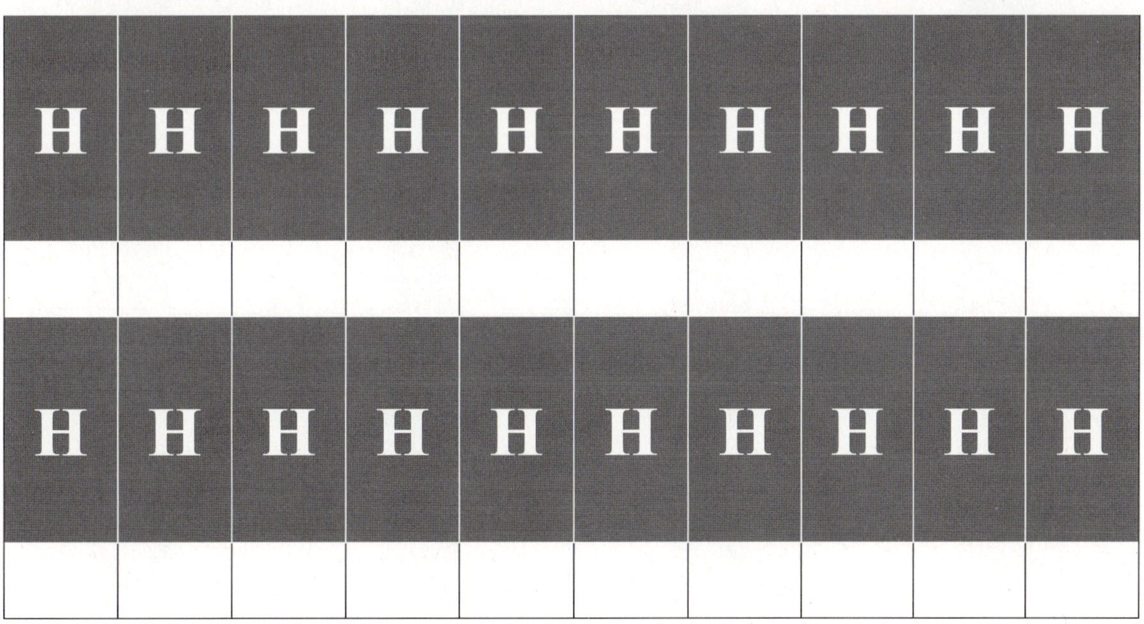
H H H H H H H H H H
H H H H H H H H H H

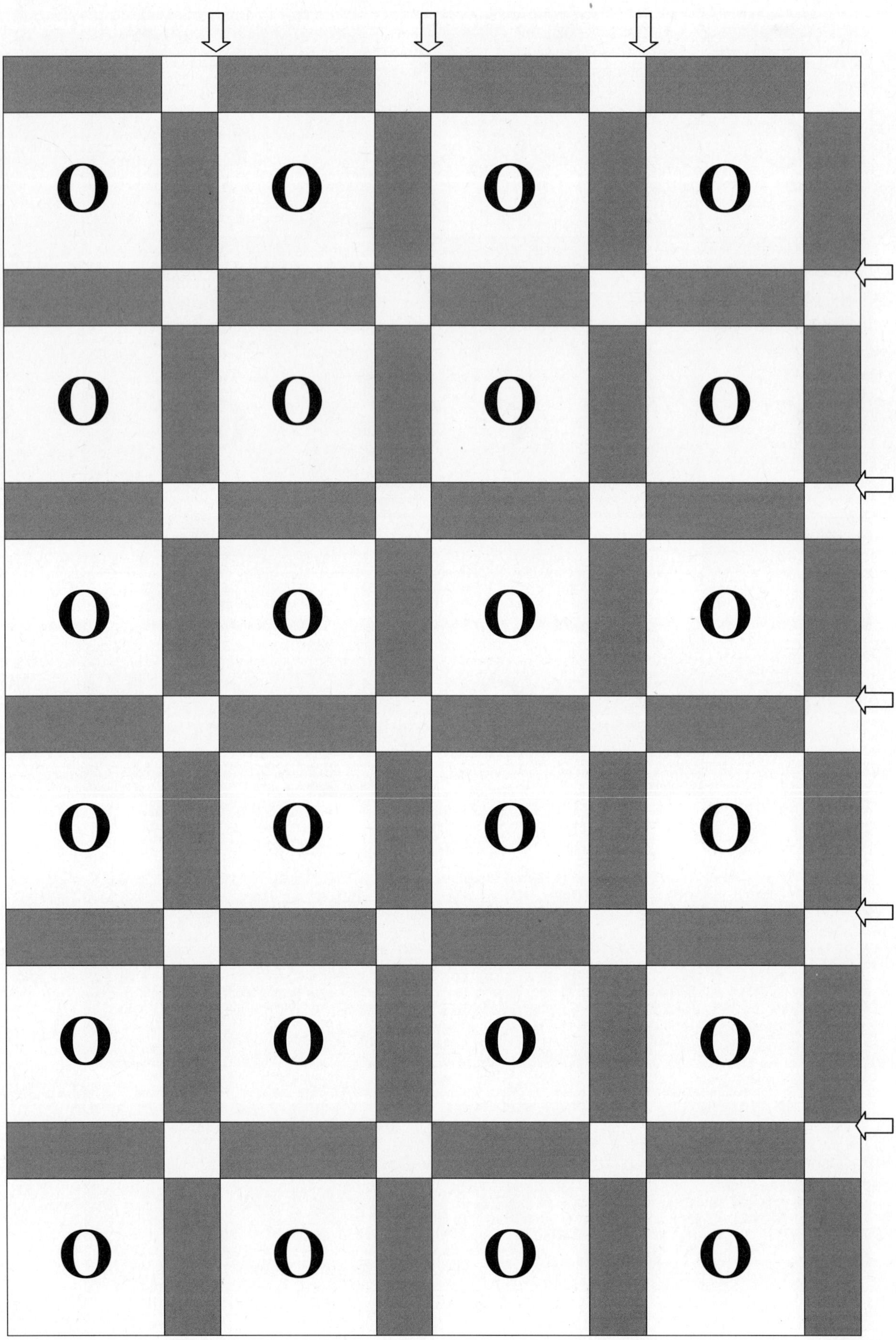
O O O O
O O O O
O O O O
O O O O
O O O O
O O O O

Chemory

Spielbeschreibung:	Memoryartiges Spiel	
Fachliche Voraussetzungen	Gruppengröße	Herstellung
Anfänger: Nachweisreaktionen, Veränderungen von Stoffen bei chemischen Reaktionen Fortgeschrittene: Bindungsarten, differenzierte Teilchenvorstellung, Analyse- und Synthesemethoden	3 bis 4	Für ein komplettes Spiel alle Vorlagen einmal (oder gemäß den Anweisungen) kopieren

Spielmaterial

Experimentalplan

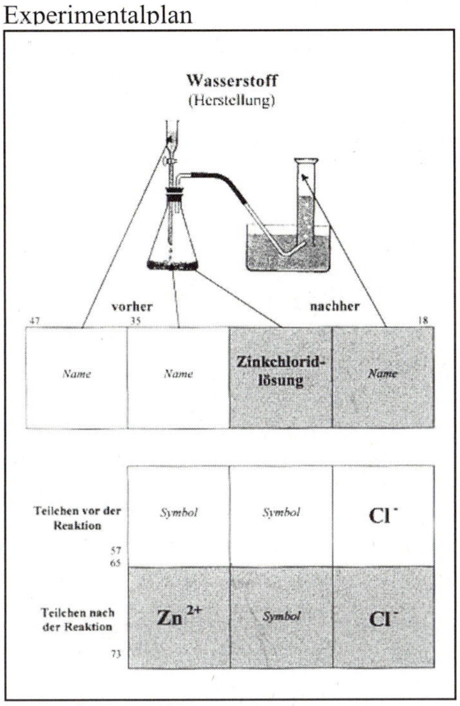

Memorykärtchen (Namen- und Symbolkarten)

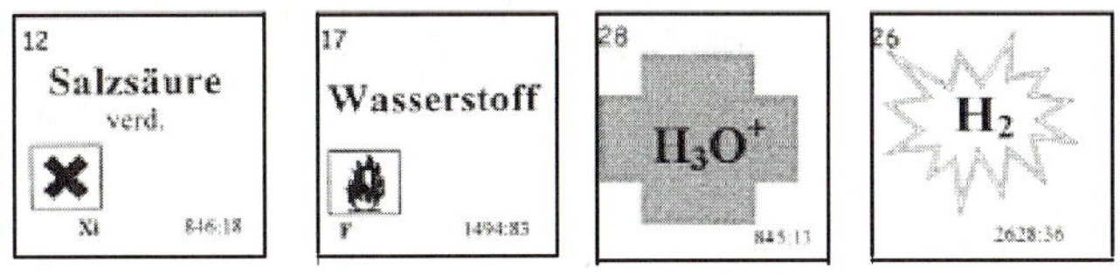

Die Zahlen auf dem Experimentalplan sind die Lösungen der Divisionsaufgaben auf den passenden Memorykarten und dienen der Kontrolle (möglichst Taschenrechner einsetzen). Die Zahl links oben bezieht sich auf die Zuordnungsliste und dient zur Aufbewahrung.

Experimentalpläne (Übersicht)		
Bildung/ Synthese	Charakteristische Eigenschaften	Zerlegung
♦ Kohlenstoff-dioxid	♦ Ammoniak	♦ Butan
♦ Kupfer	♦ Ammoniak	♦ Salzsäure
♦ Natriumchlorid	♦ Chlorwasserstoff	♦ Wasser
♦ Schwefeldioxid/ Schwefeltrioxid	♦ Kohlenstoffdioxid	♦ Zinkiodid
♦ Wasser	♦ Natrium	
♦ Wasserstoff		

Spielintention	Auf den Experimentalplänen sind Apparaturen skizziert, die zur Herstellung, zur Zerlegung oder zum experimentellen Nachweis bestimmter (charakteristischer) Eigenschaften von Stoffen eingesetzt werden können. Spielerisch sollen die durch die Reaktion eingetretenen Veränderungen sowohl auf der stofflichen als auch auf der Teilchenebene erkannt werden. In den Kästchen unter der Skizze sollen die Namen der Stoffe vor und nach der Reaktion angegeben werden. Dazu müssen für die noch leeren Felder im Verlauf des Spiels die passenden „Namenkarten" gefunden werden. Entsprechendes gilt auf der Teilchenebene für die „Symbolkarten" des unteren Blocks: Hier soll jeweils nur ein Stellverteter einer Teilchenart vor und nach der Reaktion erfasst werden. Stöchiometrische Aspekte bleiben also unberücksichtigt. Unverändert gebliebene Teilchenarten müssen aber in diesem Block berücksichtigt werden, Lösungsmittelteilchen in der Regel hingegen nicht.
Hinweis	Auch ohne eine differenzierte Teilchenvorstellung können Experimentalpläne im Spiel eingesetzt werden, indem nur „Namen"-Felder mit den Namenkarten vervollständigt werden.

Empfehlungen zu Spielregeln und Spielverlauf	
Spiel-vorbereitung	Die Gruppe bestimmt einen Spielleiter. Er oder der Lehrer wählt aus dem Spielmaterial eine angemessene Anzahl (mindestens sechs) Experimentalpläne aus und entnimmt gemäß der „Zuordnungsliste“ aus der Memorykartei (siehe Hinweis auf Seite 61) die zu den Plänen gehörenden Namen- und Symbolkärtchen sowie zwei „Glückskärtchen“. Jeder Spieler zieht aus dem Stapel einen Experimentalplan. Der Spielleiter mischt die zu diesen Plänen gehörenden Memorykärtchen und breitet sie verdeckt auf dem Tisch aus. Ihre Lage darf nicht verändert werden. Die Spieldauer kann festgelegt werden. Der Spielleiter spielt auch mit.
Spielverlauf	Der links neben dem Spielleiter sitzende Spieler deckt ein Memory-kärtchen auf. Wenn er meint, dass diese Karte auf keines der noch leeren Namen- oder Symbolfelder seines Experimentalplans passt, dann dreht er die Karte wieder um und der nächste Spieler kommt an die Reihe. Legt er aber das Kärtchen auf ein Feld seines Experimentalplans, so kann jeder Mitspieler, der darin eine fehlerhafte Zuordnung sieht, Einspruch dagegen erheben. Spätestens jetzt muss die Divisionsaufgabe (eventuell mit Taschenrechner) gelöst werden. Stimmt das Ergebnis mit einer in diesem Bereich angegebenen Zahl überein, dann ist die Zuordnung richtig und der Spieler ist weiterhin am Zug. Der Spieler aber, der als Erster Einspruch erhoben hat, muss eine Runde aussetzen. Hat sich dagegen der Einspruch als berechtigt erwiesen, so kommt er sofort an die Reihe und der Spieler, der falsch abgelegt hat, muss eine Pause einlegen. Glückskärtchen können auf jedem Feld abgelegt werden. Sobald ein Spieler seinen Experimentalplan vollständig belegt hat, darf er sich aus den zurückgelegten Plänen einen weiteren frei auswählen. Die dazugehörenden Memorykärtchen werden ins Spiel genommen, mit den übrigen gemischt und wieder verdeckt ausgebreitet.
Spielende	Das Spielende ist erreicht, wenn ein Spieler seinen Experimentalplan vervollständigt hat und keine weiteren Pläne mehr verfügbar sind oder die festgelegte Spieldauer abgelaufen ist. Gewinner ist der mit den meisten abgelegten Memorykärtchen.
Nachbereitung	Alle Memorykärtchen werden in einer Kartei, nach ihrer Nummer geordnet, aufbewahrt.

Zuordnungsliste

Einmal kopieren!

Experimentalpläne	Memorykarten „Namenkärtchen“	Memorykarten „Symbolkärtchen“			
Ammoniak (Nachweis der Wasserlöslichkeit)	1 **Ammoniak** 16 **Wasser**	35 NH_3	36 NH_4^+	39 OH^-	
Ammoniak (Nachweis als Ammoniumchlorid)	4 **Chlorwasserstoff**	29 HCl	21 Cl^-	35 NH_3	36 NH_4^+
Butan (Analyse)	6 **Kohlenstoffdioxid** 13 **Sauerstoff** 16 **Wasser**	23 CO_2	27 H_2O	38 O_2	
Chlorwasserstoff (Nachweis der Wasserlöslichkeit)	4 **Chlorwasserstoff** 16 **Wasser**	29 HCl	28 H_3O^+	21 Cl^-	
Kohlenstoffdioxid (Synthese)	6 **Kohlenstoffdioxid** 12 **Salzsäure verd.**	20 Ca^{2+}	24 CO_3^{2-}	23 CO_2	
Kohlenstoffdioxid (Nachweis)	2 **Calciumcarbonat (Kalk)**	20 Ca^{2+}	39 OH^-	24 CO_3^{2-}	
Kupfer (Herstellung)	7 **Kupferoxid** 6 **Kohlenstoffdioxid**	19 C	25 Cu	37 O^{2-}	
Natrium (Reaktion mit Wasser)	9 **Natrium** 16 **Wasser** 17 **Wasserstoff**	27 H_2O	34 Na^+	39 OH^-	
Natriumchlorid (Synthese aus den Elementen)	10 **Natriumchlorid**	33 Na	22 Cl_2	34 Na^+	21 Cl^-
Salzsäure (Elektrolyse)	3 **Chlor** 17 **Wasserstoff**	22 Cl_2	21 Cl^-	28 H_3O^+	
Schwefeldioxid/ Schwefeltrioxid (Synthese)	13 **Sauerstoff** 14 **Schwefeldioxid** 15 **Schwefeltrioxid**	38 O_2	40 SO_2	41 SO_3	
Wasser (Bildung durch Neutralisation)	11 **Natronlauge verd.** 12 **Salzsäure verd.**	21 Cl^-	27 H_2O	34 Na^+	
Wasser (Zerlegung)	8 **Magnesiumoxid** 17 **Wasserstoff**	26 H_2	37 O^{2-}	32 Mg^{2+}	
Wasserstoff (Herstellung)	12 **Salzsäure verd.** 17 **Wasserstoff** 18 **Zink**	42 Zn	28 H_3O^+	26 H_2	
Zinkiodid (Elektrolyse)	5 **Iod** 18 **Zink**	30 I^-	31 I_2	43 Zn^{2+}	

Ammoniak
(Nachweis der Wasserlöslichkeit)

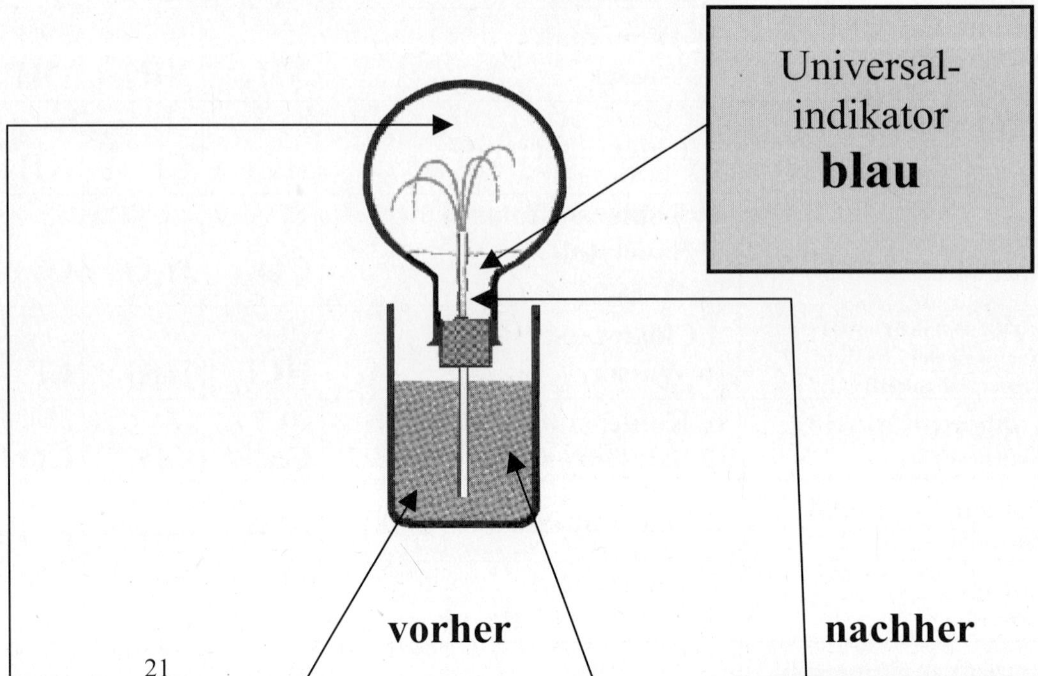

49	21		
Name	*Name*	Universal-indikator **grün**	**Ammoniak-wasser** Xi

Teilchen vor der Reaktion 85	*Symbol*	**H_2O**
Teilchen nach der Reaktion 87 67	*Symbol*	*Symbol*

Ammoniak
(Nachweis als Ammoniumchlorid)

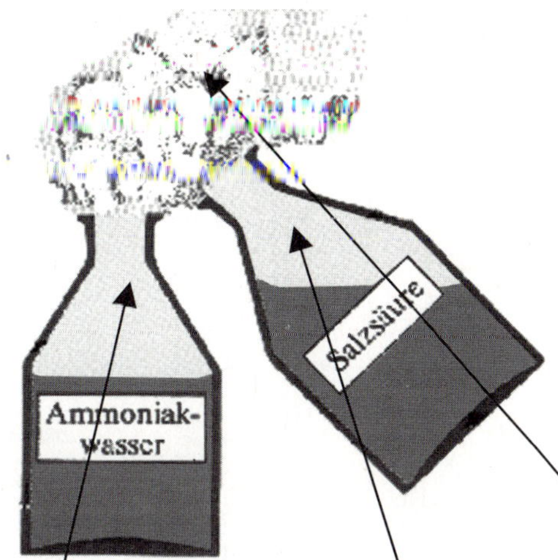

vorher **nachher**

48

Ammoniak T  N 	*Name*	**Ammonium-chlorid**

Teilchen vor der Reaktion 85 86	*Symbol*	*Symbol*
Teilchen nach der Reaktion 87 64	*Symbol*	*Symbol*

Butan
(Analyse)

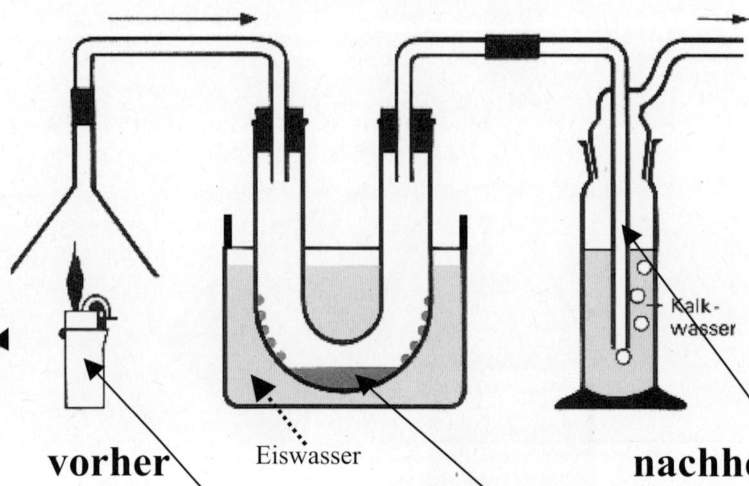

7		21	23
Name	**Butan** F 	*Name*	*Name*

Teilchen vor der Reaktion 78	C_4H_{10}	*Symbol*
Teilchen nach der Reaktion 68 81	*Symbol*	*Symbol*

Chlorwasserstoff

(Nachweis der Wasserlöslichkeit)

Universal-
indikator
rot

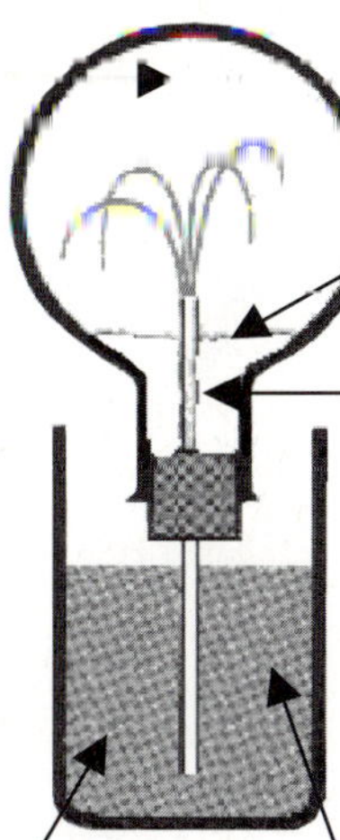

vorher **nachher**

48	21		
Name	*Name*	Universal-indikator **grün**	**Salzsäure** Xi

Teilchen vor der Reaktion 86	*Symbol*	H_2O
Teilchen nach der Reaktion 65 64	*Symbol*	*Symbol*

Kohlenstoffdioxid
(Synthese)

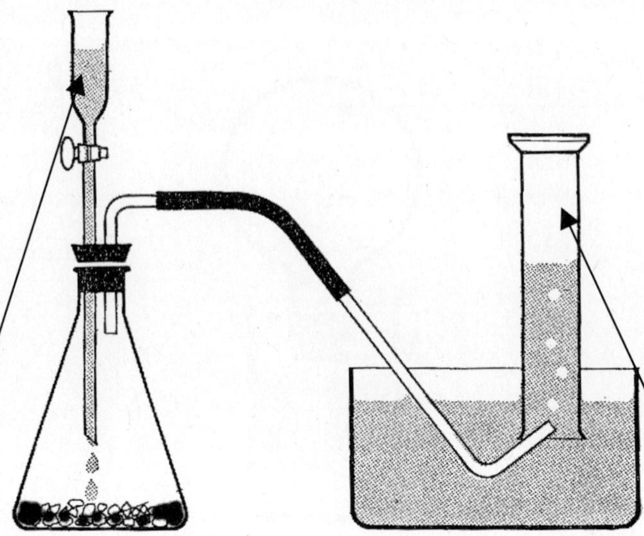

vorher **nachher**

47 23

Name	**Calcium-carbonat** (Kalk)	**Calcium-chlorid und Wasser**	*Name*

Teilchen vor der Reaktion 83	H_3O^+ Cl^-	Ca^{2+}	*Symbol*
Teilchen nach der Reaktion 82 81	H_2O Cl^-	*Symbol*	*Symbol*

Kohlenstoffdioxid
(Nachweis)

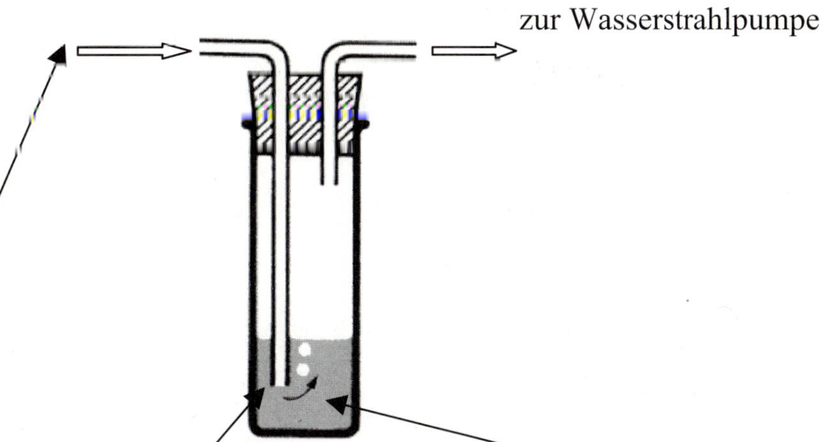

vorher			nachher
			43
Kohlen-stoffdioxid	**Calcium-hydroxid-lösung** (Kalkwasser)		*Name*

Teilchen vor der Reaktion 82 67	$\mathbf{CO_2}$	*Symbol*	*Symbol*
Teilchen nach der Reaktion 83	$\mathbf{Ca^{2+}}$	*Symbol*	$\mathbf{H_2O}$

Kupfer
(Herstellung)

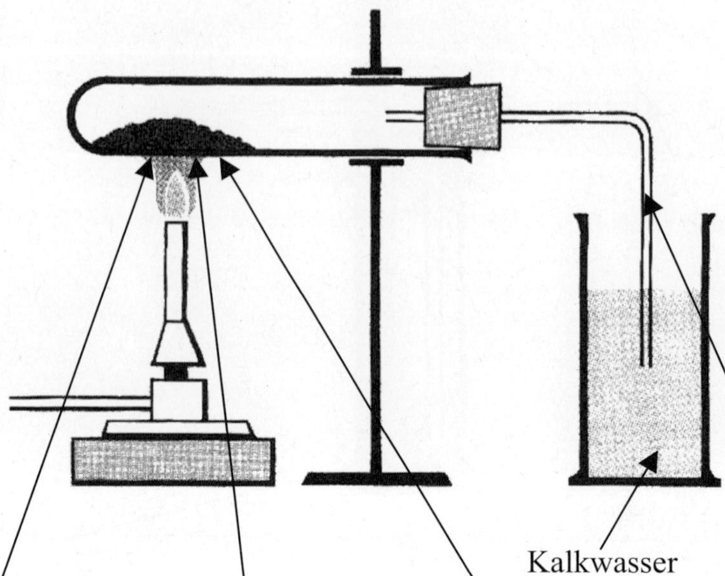

vorher	22	nachher	23
Kohlenstoff	*Name*	**Kupfer**	*Name*

Teilchen vor der Reaktion 71 76	*Symbol*	Cu^{2+}	*Symbol*
Teilchen nach der Reaktion 69	*Symbol*		CO_2

Natrium
(Reaktion mit Wasser)

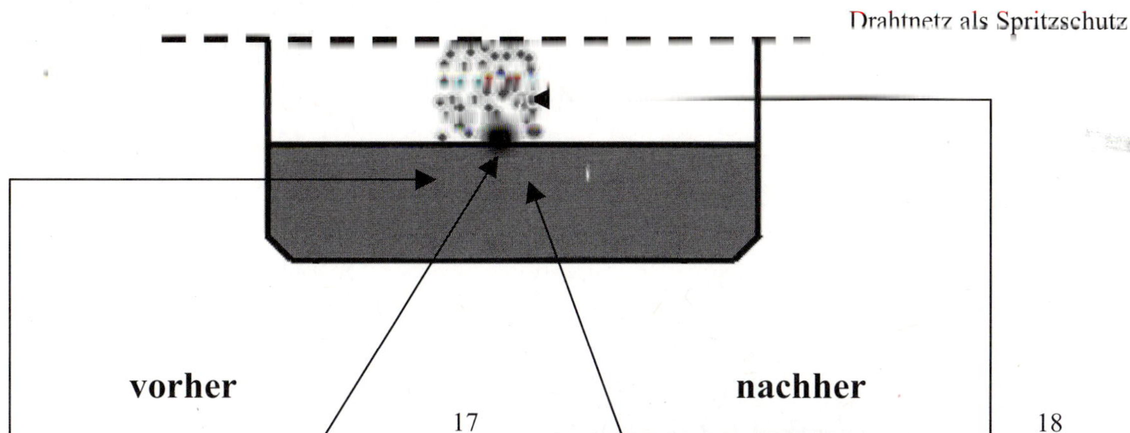

21	17		18
Name	*Name*	**Natron-lauge** Xi verd. 	*Name*

Teilchen vor der Reaktion 68	**Na**	*Symbol*	
Teilchen nach der Reaktion 66 67	*Symbol*	*Symbol*	**H_2**

Natriumchlorid
(Synthese aus den Elementen)

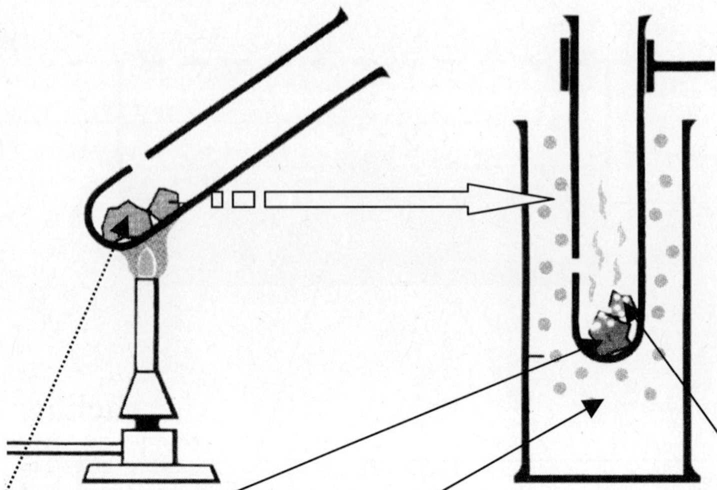

vorher

Natrium	**Chlor**
C  F 	T  N 

nachher

19

Name

Teilchen vor der Reaktion 63 72	*Symbol*	*Symbol*
Teilchen nach der Reaktion 66 64	*Symbol*	*Symbol*

Salzsäure
(Elektrolyse)

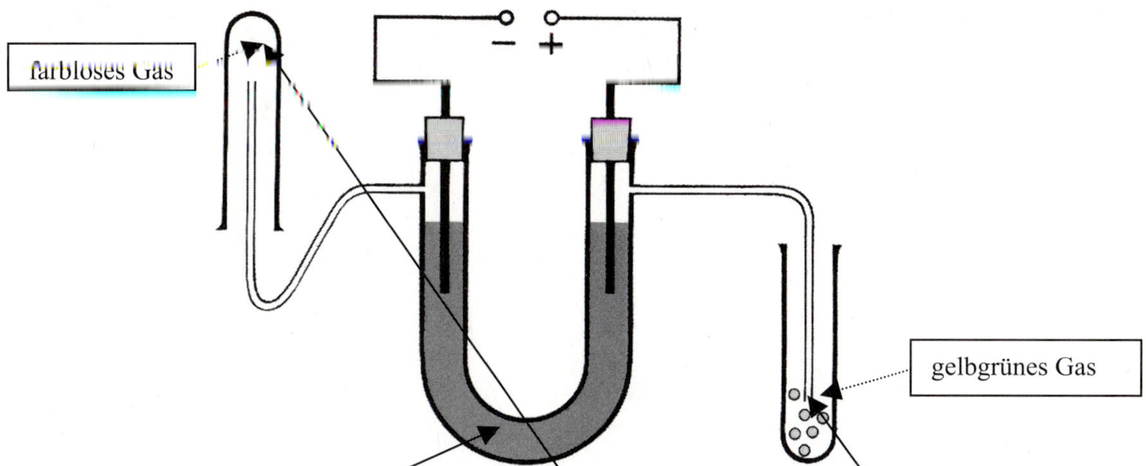

vorher

Salzsäure verd. **Xi**

nachher

18 33

Name	*Name*

Teilchen vor der Reaktion 65 64	*Symbol*	*Symbol*	**H_2O (Lösungsmittel)**
Teilchen nach der Reaktion 72	**H_2**	*Symbol*	**H_2O (Lösungsmittel)**

Schwefeldioxid/Schwefeltrioxid

(Synthese)

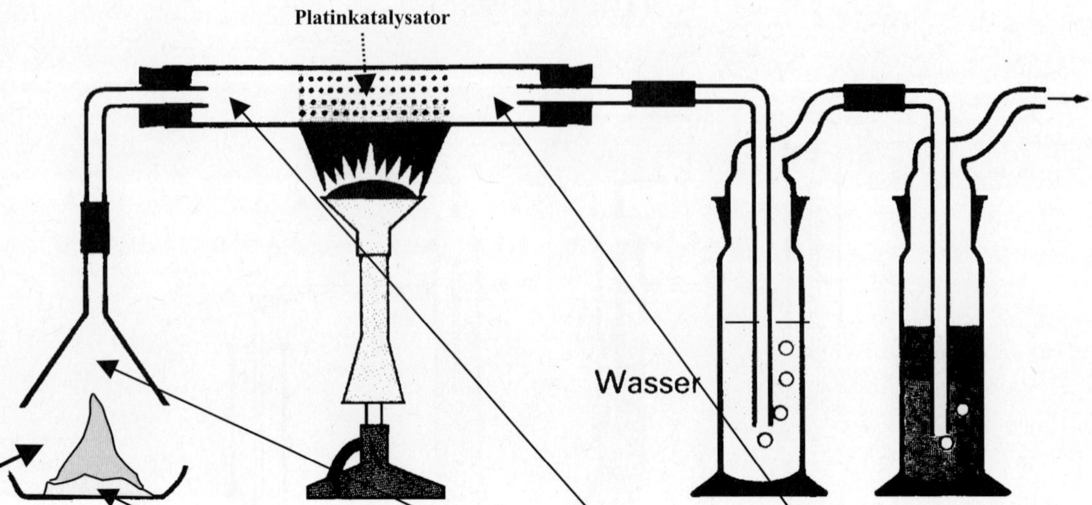

7	vorher	zwischendurch 39	nachher 41
Name	**Schwefel**	*Name*	*Name*

Teilchen vor der Reaktion ⇨

S	*Symbol*

78

Teilchen zwischendurch ⇩

Symbol	O_2

Teilchen nach der Reaktion ⇨

Symbol

77 79

Wasser
(Bildung durch Neutralisation)

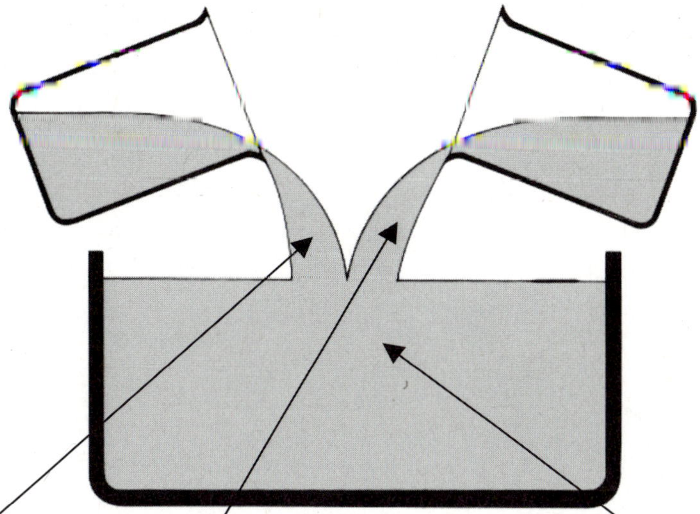

vorher **nachher**

46 / 47

Name	*Name*		**Natrium-chlorid** gelöst in **Wasser**
Teilchen vor der Reaktion	Na^+ OH^-	H_3O^+ Cl^-	
Teilchen nach der Reaktion 66 64 68	*Symbol*	*Symbol*	*Symbol*

Wasser
(Zerlegung)

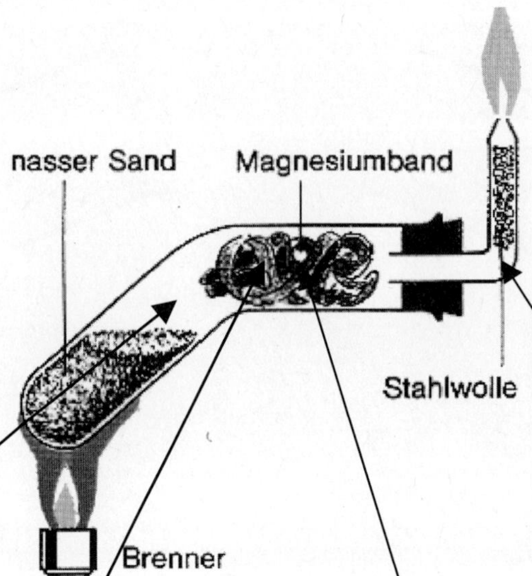

vorher	37	nachher	18
Wasser	**Magnesium**	*Name*	*Name*

Teilchen vor der Reaktion	**Mg**	**H_2O**	
Teilchen nach der Reaktion 4 76 73	*Symbol*	*Symbol*	*Symbol*

Wasserstoff

(Herstellung)

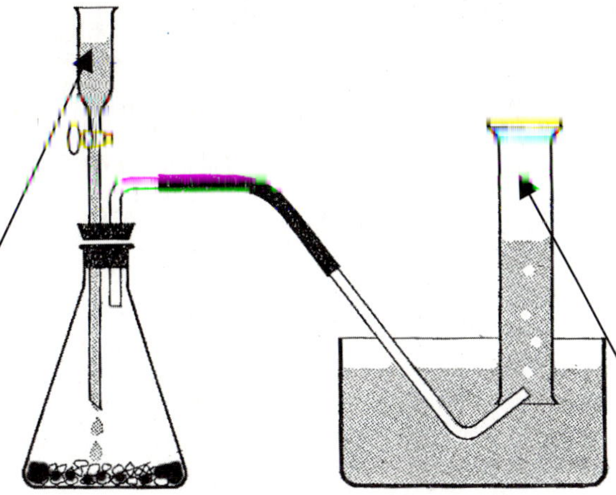

vorher **nachher**

47	35		18
Name	*Name*	**Zinkchlorid-lösung**	*Name*

Teilchen vor der Reaktion 57 65	*Symbol*	*Symbol*	Cl^{-}
Teilchen nach der Reaktion 73	Zn^{2+}	Cl^{-}	*Symbol*

Zinkiodid
(Elektrolyse)

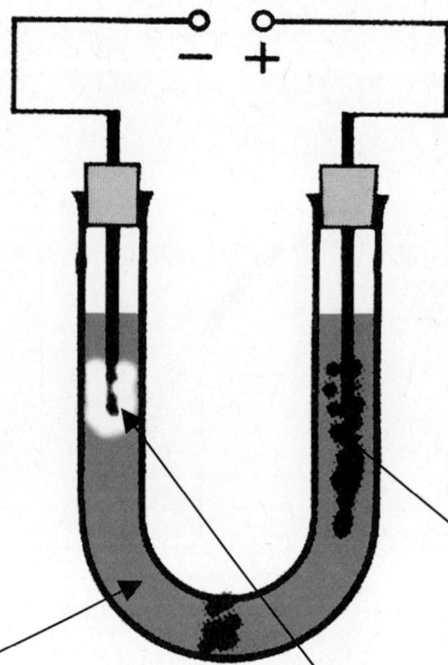

vorher		nachher 35	36
Zinkiodid-lösung		*Name*	*Name*

Teilchen vor der Reaktion 74 3	*Symbol*	*Symbol*	$\mathbf{H_2O}$
Teilchen nach der Reaktion 75	**Zn**	*Symbol*	$\mathbf{H_2O}$

Hinweis: Die folgenden Seiten einmal beziehungsweise zweimal kopiert umfassen alle für „Chemory“ und „Kein Geheimnis“ benötigten Spielkärtchen.
Um bei mehreren Spielen den Überblick über das Kartenmaterial nicht zu verlieren, sollten die Karten nach Nummern (linke obere Zahl) geordnet aufbewahrt werden. Hierzu eignen sich beispielsweise Boxen oder Köfferchen für Kleinmaterial, die in Heimwerkermärkten angeboten werden. Das für einzelne Spieleinsätze benötigte Kartenmaterial ist aus der Zuordnungsliste von „Chemory“ (Seite 61) und den Kontrollkarten von „Kein Geheimnis“ (Seite 80, Nr. 44 bis 51) zu entnehmen.

Zweimal kopieren!

4 **Chlor-wasserstoff** T C 1776:37	6 **Kohlenstoff-dioxid** 529:23	6 **Kohlenstoff-dioxid** 529:23	
18 **Zink** 4445:127	12 **Salzsäure** verd. Xi 846:18	12 **Salzsäure** verd. Xi 846:18	13 **Sauerstoff** 105:15
16 **Wasser** 2373:113	16 **Wasser** 2373:113	17 **Wasserstoff** F+ 1494:83	17 **Wasserstoff** F+ 1494:83

Zweimal kopieren!

21 Cl^- 2368:37	21 Cl^- 2368:37	21 Cl^- 2368:37	22 Cl_2 1944:27
23 CO_2 1377:17	20 Ca^{2+} 2214:27	24 CO_3^{2-} 1162:14	43 Zn^{2+} 1184:16
26 H_2 2628:36		27 H_2O 1088: 16	27 H_2O 1088: 16
28 H_3O^+ 845:13	28 H_3O^+ 845:13	37 O^{2-} 4788:63	29 HCl 1118:13
30 I^- 213:71	35 NH_3 1445:17	34 Na^+ 924:14	34 Na^+ 924:14

Zweimal kopieren!

36 NH_4^+ 1218:14	36 NH_4^+ 1218:14	37 O^{2-} 4788:63	38 O_2 1014:13
39 OH^- 804:12	39 OH^- 804:12	67 HCO_3^-	30 I^-

Die folgenden Karten werden pro Spiel nur einmal gebraucht.

1 **Ammoniak** T N 10437:213	2 **Calcium-carbonat** 731:17	3 **Chlor** T N 891:27	5 **Iod** Xn N 7668:213
7 **Kupferoxid** 2574:117	8 **Magnesium-oxid** 481:13	11 **Natron-lauge** Xi verd. 782:17	14 **Schwefel-dioxid** T 6903:177
15 **Schwefel-trioxid** „Rauch“ 1927:47	19 C 1207:17	25 Cu 1587:23	31 I_2 5025:67

Einmal kopieren!

32 Mg^{2+} 228:57	40 SO_2 1078:14	41 SO_3 1106:14	42 Zn 912:16
9 **Natrium** C F   595:35	33 Na 1071:17	34 Na^+ 924:14	10 **Natrium-chlorid** 1083:57
20 Ca^{2+}			

Kontrollkarten zu „Kein Geheimnis"

Einmal kopieren!

44	Kein Geheimnis 1
Natrium 9	Na 33
Salzsäure 12	H_3O^+ 28 Cl^- 21 H_2O 27
Schwefeldioxid 14	SO_2 40
Butan 52	C_4H_{10} 64

45	Kein Geheimnis 2
Zinkoxid 56	Zn^{2+} 43 O^{2-} 37
Schwefeltrioxid 15	SO_3 41
Calciumchlorid 53	Ca^{2+} 20 Cl^- 21 Cl^- 21
Ammoniak 1	NH_3 35

46	Kein Geheimnis 3
Kohlenstoff 54	C 19
Natronlauge 11	Na^+ 34 OH^- 39 H_2O 27
Natriumiodid 55	Na^+ 34 I^- 30
Chlorwasserstoff 4	HCl 29

47	Kein Geheimnis 4
Wasser 16	H_2O 27
Natriumchlorid 10	Na^+ 34 Cl^- 21
Ammoniakwasser 63	NH_4^+ 36 OH^- 39 NH_3 35 H_2O 27

48	Kein Geheimnis 5
Sauerstoff 13	O_2 38
Kohlenstoffdioxid 6	CO_2 23
Kupferoxid 57	Cu^{2+} 65 O^{2-} 37
Natriumcarbonat 60	Na^+ 34 Na^+ 34 CO_3^{2-} 24

49	Kein Geheimnis 6
Iod 5	I_2 31
Magnesiumoxid 8	Mg^{2+} 32 O^{2-} 37
Ammoniumchlorid 58	NH_4^+ 36 Cl^- 21

50	Kein Geheimnis 7
Chlor 3	Cl_2 22
Calciumhydroxid 66	Ca^{2+} 20 OH^- 39 OH^- 39
Ammoniumcarbonat 59	NH_4^+ 36 NH_4 36 CO_3^{2-} 24

51	Kein Geheimnis 8
Wasserstoff 17	H_2 26
Zinkiodid 62	Zn^{2+} 43 I^- 30 I^- 30
Calciumhydrogencarbonat 61	Ca^{2+} 20 HCO_3^- 67 HCO_3^- 67

Ergänzungskarten zu „Kein Geheimnis“ Einmal kopieren!

52 **Butan** F 	53 **Calcium-chlorid** Xi 	54 **Kohlenstoff**	55 **Natrium-iodid**
56 **Zinkoxid**	57 **Kupferoxid**	58 **Ammonium-chlorid** Xn 	59 **Ammonium-carbonat** Xn 
60 **Natrium-carbonat** Xi 	61 **Calcium-hydrogen-carbonat**	62 **Zinkiodid** C 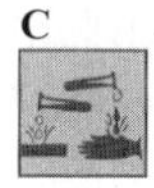	63 **Ammoniak-wasser** „Salmiakgeist“ Xi 
64 C_4H_{10}	65 Cu^{2+}	66 **Calcium-hydroxid** C 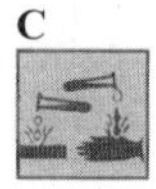	

Kein Geheimnis

Spielbeschreibung:	Ein memoryartiges Zuordnungsspiel	
Fachliche Voraussetzungen	Gruppengröße	Herstellung des Spielmaterials
Salze, Formeln und Symbole	2 oder 4 oder 6	Sämtliche Spielkarten sind in der Chemorykartei zu finden

Spielmaterial

Calciumchlorid

Namenkarte

Ca^{2+}	Cl^-	Cl^-

Formel – hier zusammengestellt aus drei Symbolkarten

47	kein Geheimnis 5
Eisen	Fe
Calcium-chlorid	Ca^{2+} Cl^- Cl^-
Kohlen-stoffdioxid	CO_2

Kontrollkarte

Empfehlungen zu Spielregeln und Spielverlauf	
Spiel-vorbereitung	♦ Alle Kontrollkarten (Seite 80) werden gemischt. Die Spieler einer Gruppe ziehen nacheinander eine dieser Kontrollkarten (Nr. 44 bis 51) und entnehmen die dort aufgelisteten Namen- und Symbolkärtchen aus der Chemorykartei. Dann werden alle ausgesuchten Karten gemischt und wie bei einem Memoryspiel verdeckt auf dem Tisch ausgebreitet. ♦ Es kann eine Spieldauer festgelegt werden. ♦ Der jüngste Spieler beginnt und deckt eine Karte auf.
Spielverlauf	♦ Ist es keine Namenkarte, so dreht er sie wieder um und der nächste kommt an die Reihe. ♦ Namenkarten hingegen werden offen beiseite gelegt und die Suche nach den dazugehörigen Symbolkärtchen beginnt. Ein Spieler bleibt am Zug, solange er eine Namenkarte aufdeckt oder eine Symbolkarte zuordnen kann. ♦ Wer die letzte Symbolkarte für eine Formel gefunden hat, bekommt die Namenkarte zusammen mit den Symbolkarten. ♦ Auf fehlerhafte Zuordnungen darf nur der Spieler mit der entsprechenden Kontrollkarte aufmerksam machen, und zwar jederzeit. Dann erhält er die falsch zugeordnete Symbolkarte und ist selbst an der Reihe.
Spielende	♦ Das Spiel endet, wenn alle Kärtchen zugeordnet sind oder die festgelegte Spieldauer abgelaufen ist. ♦ Gewinner ist, wer die meisten Kärtchen gesammelt hat.
Spiel-nachbereitung	Alle Kärtchen werden wieder nach ihrer Ordnungszahl in die Chemorykartei einsortiert.
Hinweis	„Kein Geheimnis“ ist eine gute Vorbereitung für „Chemory“. Es ist aber auch bestens geeignet, um auf spielerische Weise die Angst vor Formeln überwinden zu helfen und Gefühle der Abneigung abzubauen. Um die Glückskomponenten noch zu verstärken, können zusätzlich zwei Glückskärtchen (wie bei Chemory) ins Spiel gebracht werden.

Rallye durch das Periodensystem

Spielbeschreibung:	Brettspiel	
Fachliche Voraussetzungen	Gruppengröße	Herstellung des Spielmaterials
Eigenschaften einiger wichtiger Elemente und deren Bedeutung in Chemie und Alltag; Atombau, Periodensystem der Elemente	2 bis 6	Element- und Kontrollkarten auf Papier kopieren und laminieren, das Material für den Spielplan (S. 93ff.) auf 122% vergrößert auf DIN A3-Papier oder Karton kopieren, ausschneiden und mit Klebeband zum Periodensystem zusammenfügen; Spielfiguren bereitstellen

Spielmaterial

Spielplan

„Bohnen"-Kasse

Spielfiguren

Kontrollkarte

Wasserstoff		
Aus ? und Stickstoff wird nach Haber-Bosch Ammoniak hergestellt.	? ist das Element mit der kleinsten Atommasse.	? und Sauerstoff können ein explosives Gemisch (Knallgas) bilden.

Aus ? und Stickstoff wird nach Haber-Bosch Ammoniak hergestellt. 3

? und Sauerstoff können ein explosives Gemisch (Knallgas) bilden. 2

Elementkärtchen („Hotel-Schecks")

Spiel-strategie	Diese Rallye bietet jedem Teilnehmer die Möglichkeit, in einem gewissen Rahmen auf dem vorgegebenen Weg durch das Periodensystem selbst zu entscheiden, wo er Zwischenstopps einlegen möchte. Jeder Stopp bei einem bestimmten Element kostet Geld in Form von „Bohnen". Gleichzeitig hat man aber die einmalige Möglichkeit, alle zu diesem Element passenden Elementkärtchen als „Hotel-Schecks" dort abzulegen und ihren Gesamtwert verrechnen zu lassen. Der Wert des Elementkärtchens entspricht der Zahl unten rechts. Nicht der Schnellste gewinnt, sondern der Teilnehmer, der das Actiniumfeld mit den meisten Bohnen erreicht. An zwei Stellen können aber auch die schneller vorrückenden Teilnehmer mit einer Aufbesserung der Reisekasse rechnen: Beim Passieren des Lanthaniumfeldes und bei Ankunft auf dem Actiniumfeld.
Vor-bereitung	Der Spielleiter legt den Spielplan auf den Tisch, mischt getrennt die Element- und Kontrollkarten und teilt sie dann gleichmäßig an die Spieler aus. Er selbst spielt auch mit. Nebenbei führt er die „Bohnen"-Kasse, aus der alle zum Spielbeginn mindestens fünf Bohnen bekommen. Jeder wählt eine Spielfigur aus. Nach der Zuteilung der Elementkärtchen haben die Spieler Zeit, sie zu sichten und offen auf dem Tisch gemäß dem Periodensystem vorzuordnen. Die Kontrollkarten werden aber verdeckt gehalten.

Empfehlungen für Spielregeln und Spielverlauf	
Spielverlauf	♦ Gespielt wird im Uhrzeigersinn.
Route Stopps	♦ Start ist das Feld „1. Schale" (Periode). Die Route ist festgelegt: Sie verläuft zunächst vom Wasserstoff über Helium zum Lithium, dem ersten Element der 2. Schale (Periode). Die Rallye geht weiter entlang den Perioden und endet schließlich auf dem Actiniumfeld (Ziel). Pro Spielzug (Reisetag) kann man nach eigenen Plänen beliebig, höchstens jedoch um sechs Felder vorrücken.
Elementfeld	♦ Um auf einem Elementfeld („Elementhotel"), das als „Tagesziel" gewählt wird, verweilen („übernachten") zu können, müssen bei den Hauptgruppenelementen so viel Bohnen an die Kasse bezahlt werden, wie dieses Element Außenelektronen hat. Bei den Elementen der Nebengruppen richtet sich der Preis nach der Gruppennummer.
Element-kärtchen als „Hotelscheck"	♦ Die Bezahlung kann bar in Bohnen erfolgen. Ein weiteres Zahlungsmittel sind die Elementkärtchen („Hotelschecks"). Es werden aber nur die Kärtchen akzeptiert, die zu dem Element passen, auf dessen Feld man sich aufhält. Ihr Gesamtwert wird mit den „Übernachtungskosten" verrechnet und die Differenz von der Kasse erstattet oder eingefordert.
„Scheck-rücknahme"	♦ Nicht eingelöste Schecks können jederzeit an einen Mitspieler verkauft oder zum Einheitspreis von zwei Bohnen der Kasse überlassen werden.
Kontroll-karten	♦ Zur Korrektur fehlerhaft abgelegter Elementkarten („ungültiger Schecks") ist der Spieler mit der entsprechenden Kontrollkarte aufgefordert. Dieser bekommt von dem betreffenden Mitspieler außer der falsch zugeordneten Karte noch eine weitere nach freier Wahl. Falls er aber selbst „geschlafen" hat, erhält derjenige Mitspieler, der zu Beginn des nächsten Spielzugs auf den Fehler zuerst hinweist, neben der falsch abgelegten Karte von ihm eine Elementkarte nach freier Wahl.
Prämie	♦ Der Spieler, der als Erster das Lanthaniumfeld erreicht, erhält aus der Kasse zwölf Bohnen, der Zweite neun, der Dritte sechs und der Vierte drei. In gleicher Weise bekommt man eine Prämie bei Ankunft auf dem Actiniumfeld.
Spielende Endspurt Gewinner	a) Nach einer zu Beginn festgelegten Spielzeit muss jeder versuchen, in einem „Endspurt" – d. h. durch mehrere hintereinander ausgeführte Spielzüge (maximal um sechs Felder) – dem Ziel „Actiniumreihe" möglichst nahe zu kommen. Die kurzen Stopps sollten so gewählt werden, dass noch möglichst viele Schecks abgelegt und verrechnet werden können. Die Gebühren entsprechen den Gruppennummern. Die Schecks können aber in dieser Phase nicht mehr zum Einheitspreis von zwei Bohnen der Kasse überlassen werden. Für falsch zugeordnete Elementkarten müssen vier Bohnen an den zuständigen Prüfer abgegeben werden. Wer nach diesen Aktionen am weitesten gekommen ist oder im Ziel noch die meisten Bohnen besitzt, hat gewonnen. b) Es kann aber auch so lange gespielt werden, bis alle das Actiniumfeld erreicht haben. Gewinner der „Rallye durch das PSE" ist der Spieler mit den meisten Bohnen.

Aus ? und Stickstoff wird nach dem Haber-Bosch- Verfahren Ammoniak hergestellt. 3	? und Sauerstoff können ein explosives Gemisch (Knallgas) bilden. 2	? ist das Element mit der kleinsten Atommasse. 3	Reden ist Silber, Schweigen ist ? 5
Die Sauerstoff- verbindung von ? kommt mit einem Volumenanteil von 0,03 % in der Luft vor. 3	? hat 4 Außen- elektronen. 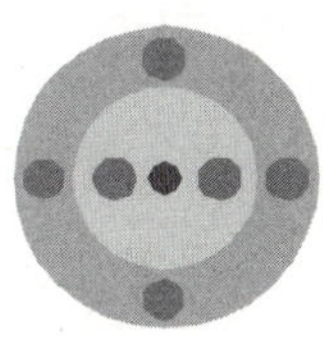 5	? ist das einzige bei Zimmer- temperatur flüssige Metall. 6	? tritt in drei Erscheinungs- formen auf: Diamant, Graphit und Fullerite. 5
Die Moleküle des Elementes ? besitzen eine Dreifach- bindung. 6	Pflanzen benötigen Verbindungen des Elementes ? zur Eiweiß- synthese. 5	Die Bezeichnung „ .... stift“ hat nichts mehr mit dem Element ? zu tun. 7	Das Entflammen eines glimmenden Spans deutet auf ? hin. 4

Für das Edelgas ? gilt die Oktettregel nicht. 4	Ozon ist aus 3 Atomen des Elementes ? entstanden. 6	Das Atom des Elementes ? hat 1 Außenelektron auf der 4. Schale. 4	? ist ein Leichtmetall und ein starkes Reduktions-mittel. Das Atom hat 3 Außen-elektronen. 4
? ist der Haupt-bestandteil der Luft. 7	Mit ? gefüllte Röhren leuchten rot (Lichtreklame). 9	Die Ionen von ? und Magnesium tragen zur Wasserhärte bei. 4	? befindet sich auf der Reibfläche von Streichholz-schachteln. 8
Löschmittel sollten den Zutritt von ? möglichst verhindern. 6	Das Metall ? brennt mit gleißender Flamme. 4	Das Oxid von ? kann durch Erhitzen in das feste Metall und Sauerstoff zerlegt werden. 5	Die konzentrierte ?säure entzieht sogar dem Zucker Wasser. 5

Eine alter englischer Kriminalfilm heißt „? und Spitzenhäubchen". 7	? ist das elektronegativste Element. 9	? ist ein Edelgas, dessen Atome 10 Elektronen besitzen. 13	Das Atom von ? hat 8 Außenelektronen. 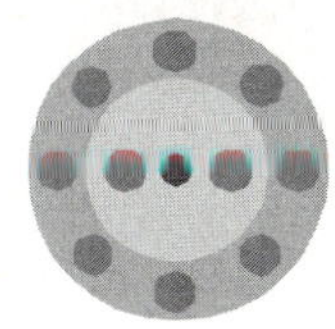 12
? hat 1 Außenelektron. 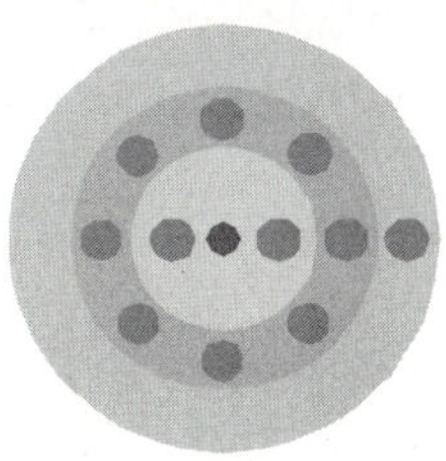 4	Speisesalz ist eine Verbindung aus Chloridionen und Ionen von ? 3	Das schwarze Oxid von ? wird mit Wasserstoff zum rötlichen Metall reduziert. 9	? reagiert heftig mit Wasser zu einer bekannten Lauge („Brezel"-Lauge). 3
? brennt, einmal aktiviert, sogar in Kohlenstoffdioxid weiter. 5	Metall der 3. Periode, das in Verbindungen als zweifach positiv geladenes Ion auftritt. 4	Das Element ? erhielt seinen Namen nach der violetten Farbe des Dampfes. 9	? wird nicht nur als Haushaltsfolie verwendet, sondern z.B. auch für Autofelgen. 3

Das Bromid von ? spielt in der Fotografie eine wesentliche Rolle. 8	? hat 4 Außen- elektronen. 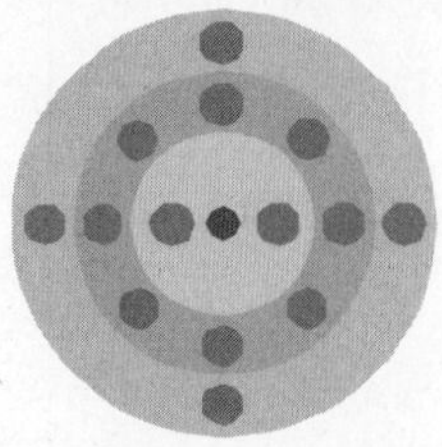 6	Das Oxid von ? ist die Grundsubstanz für die Glas- herstellung. 7	Bergkristalle sind aus dem Oxid des Halbmetalls ? aufgebaut. 6
Weißer ? ist giftig, leuchtet im Dunkeln und kann sich von selbst entzünden. 6	Ein Mangel an ? kann zur Kropfbildung führen. 7	? reagiert mit Sauerstoff und bildet ein farbloses, stechend riechendes Gas. 6	? ist ein gelbes Nichtmetall, das in zwei Modifikationen vorliegen kann. 8
? gehört wie Fluor, Brom und Iod zu den Halogenen. 7	? ist ein gelbgrünes Gas. Es tötet im Trinkwasser Bakterien. 6	Die Wasserstoff- verbindung von ? bildet mit Wasser Salzsäure. 8	Das Gießen von ? ist ein Silvester- brauch. 6

Das Atom von ? hat 3 Außen- elektronen. 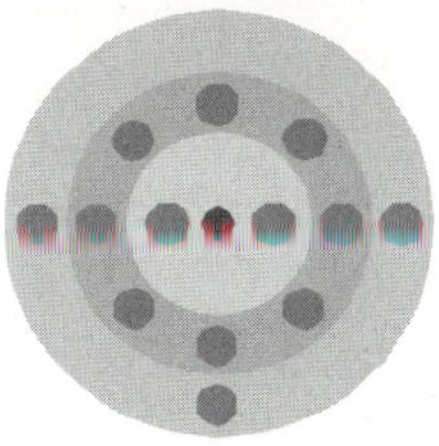 3	? ist eines der edelsten Metalle. Wird oft als Katalysator und als Elektroden- material verwendet. 12	Das zweifach positiv geladene Ion von ? hat insgesamt 18 Elektronen. 5	? ist edler als Kupfer und unedler als Gold. 7
Das Carbonat des Elementes ? ist auch als Kalkstein bekannt. 5	Die meisten silbrig glänzenden Metallüberzüge bestehen aus ? , einem Ele- ment der VI. Nebengruppe. 8	Die Magneti- sierbarkeit ist für ? eine charakteristi- sche Eigenschaft. 10	? wird aus seinen oxidischen Erzen im Hoch- ofenprozess gewonnen. 8
? mit einem Kohlenstoff- anteil bis zu 1,7 % wird als Stahl bezeichnet. 9	Modeschmuck, der das Metall ? enthält, kann Allergien auslösen. 12	Das wasserfreie Sulfat von ? wird bei Zugabe von Wasser blau. 7	Messing: Legierung von ? mit Zink Bronze: Legierung von ? mit Zinn 10

? ist ein Element der 6. Periode und II. Hauptgruppe. 5	In einer Autobatterie finden wir Elektroden aus ? und aus seinem Oxid. 6	Gutschein für einen kostenlosen Stopp auf einem Elementfeld eigener Wahl.	Gutschein für einen kostenlosen Stopp auf einem Elementfeld eigener Wahl.
Mit ? , einem Element der 4. Periode, können Glühbirnen gefüllt sein. 9	Die Anionen von ? in einer Zahnpasta dienen zur Karies- prophylaxe. 8	Das Element ? mit dem Symbol Ti wird zur Veredelung von Stahl verwendet (Bratpfannen). 6	? ist ein Element der 6. Periode und der gleichen Nebengruppe wie Chrom. 7

schneiden

Kontrollkarten

Iod		**Barium**	**Blei**		
Das Element ? erhielt seinen Namen nach der violetten Farbe des Dampfes.	Ein Mangel an ? kann zur Kropfbildung führen.	? ist ein Element der 6. Periode und II. Hauptgruppe.	Die Bezeichnung „ .... stift" hat nichts mehr mit dem Element ? zu tun.	In einer Autobatterie finden wir Elektroden aus ? und aus seinem Oxid.	Das Gießen von ? ist ein Silvester- brauch.
Wasserstoff			**Neon**		
Aus ? und Stickstoff wird nach dem Haber- Bosch-Verfahren Ammoniak hergestellt.	? ist das Element mit der kleinsten Atommasse.	? und Sauerstoff können ein explosives Gemisch (Knallgas) bilden.	? ist ein Edelgas, dessen Atome 10 Elektronen besitzen.	Das Atom von ? hat 8 Außen- elektronen. 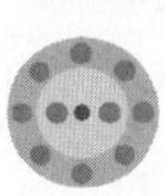	Mit ? gefüllte Röhren leuchten rot (Lichtreklame).

schneiden

Kohlenstoff			**Stickstoff**		
Die Sauerstoffverbindung von ? kommt mit einem Volumenanteil von 0,03 % in der Luft vor.	? hat 4 Außenelektronen. 	? tritt in drei Erscheinungsformen auf: Diamant, Graphit und Fullerite.	? ist der Hauptbestandteil der Luft.	Die Moleküle des Elementes ? besitzen eine Dreifachbindung.	Pflanzen benötigen Verbindungen des Elementes ? zur Eiweißsynthese.
Fluor		**Titan**	**Helium**	**Wolfram**	**Krypton**
? ist das elektronegativste Element.	Die Anionen von ? in einer Zahnpasta dienen zur Kariesprophylaxe.	Das Element ? mit dem Symbol Ti wird zur Veredelung von Stahl verwendet (Bratpfannen).	Für das Edelgas ? gilt die Oktettregel nicht.	? ist ein Element der 6. Periode und der gleichen Nebengruppe wie Chrom.	Mit ?, einem Element der 4. Periode, können Glühbirnen gefüllt sein.
Sauerstoff			**Magnesium**		
Das Entflammen eines glimmenden Spans deutet auf ? hin.	Löschmittel sollten den Zutritt von ? möglichst verhindern.	Ozon ist aus 3 Atomen des Elementes ? entstanden.	Das Metall ? brennt mit gleißender Flamme.	? brennt, einmal aktiviert, sogar in Kohlenstoffdioxid weiter.	Metall der 3. Periode, das in Verbindungen als zweifach positiv geladenes Ion auftritt.
Natrium			**Aluminium**		
? hat 1 Außenelektron 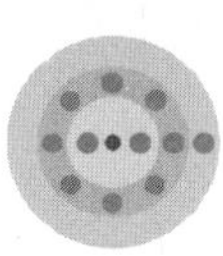	Speisesalz ist eine Verbindung aus Chloridionen und Ionen von ?	? reagiert heftig mit Wasser zu einer bekannten Lauge („Brezel"-Lauge).	? wird nicht nur als Haushaltsfolie verwendet, sondern z.B. auch für Autofelgen.	Das Atom von ? hat 3 Außenelektronen. 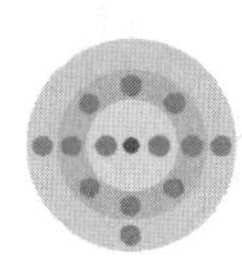	? ist ein Leichtmetall und ein starkes Reduktionsmittel. Das Atom hat 3 Außenelektronen.
Nickel	**Gold**	**Arsen**	**Platin**	**Quecksilber**	**Kalium**
Modeschmuck, der das Metall ? enthält, kann Allergien auslösen.	Reden ist Silber, Schweigen ist ?	Eine alter englischer Kriminalfilm heißt „? und Spitzenhäubchen".	? ist eines der edelsten Metalle. Wird oft als Katalysator und als Elektrodenmaterial verwendet.	? ist das einzige bei Zimmertemperatur flüssige Metall.	Das Atom des Elementes ? hat 1 Außenelektron auf der 4. Schale.

schneiden

Silicium			Chrom	Phosphor	
? hat 4 Außen- elektronen. 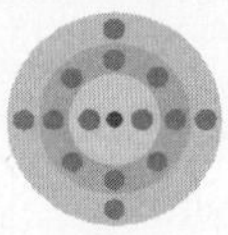	Das Oxid von ? ist die Grundsubstanz für die Glasherstellung.	Bergkristalle sind aus dem Oxid des Halbmetalls ? aufgebaut.	Die meisten silbrig glänzenden Metallüberzüge bestehen aus ?, einem Element der VI. Nebengruppe.	? befindet sich auf der Reibfläche von Streichholz- schachteln.	Weißer ? ist giftig, leuchtet im Dunkeln und kann sich von selbst entzünden.
Schwefel			**Chlor**		
? reagiert mit Sauerstoff und bildet ein farbloses, stechend riechendes Gas.	? ist ein gelbes Nichtmetall, das in zwei Modifikationen vorliegen kann.	Die konzentrierte ? säure entzieht sogar dem Zucker Wasser.	? gehört wie Fluor, Brom und Iod zu den Halogenen.	? ist ein gelbgrünes Gas. Es tötet im Trinkwasser Bakterien.	Die Wasserstoff- verbindung von ? bildet mit Wasser Salzsäure.
Calcium			**Eisen**		
Das zweifach positiv geladene Ion von ? hat insgesamt 18 Elektronen.	Die Ionen von ? und Magnesium tragen zur Wasserhärte bei.	Das Carbonat des Elementes ? ist auch als Kalkstein bekannt.	Die Magneti- sierbarkeit ist für ? eine charakteristi- sche Eigenschaft.	? wird aus seinen oxidischen Erzen im Hoch- ofenprozess gewonnen.	? mit einem Kohlenstoff- anteil bis zu 1,7 % wird als Stahl bezeichnet.
Kupfer			**Silber**		
Das wasserfreie Sulfat von ? wird bei Zugabe von Wasser blau.	Messing: Legierung von ? mit Zink Bronze: Legierung von ? mit Zinn	Das schwarze Oxid von ? wird mit Wasserstoff zum rötlichen Metall reduziert.	Das Bromid von ? spielt in der Fotografie eine wesentliche Rolle.	? ist edler als Kupfer und unedler als Gold.	Das Oxid von ? kann durch Erhitzen in das feste Metall und Sauerstoff zerlegt werden.

	I	II	
Start 1. Schale (Periode)	**H** Wasserstoff		
2. Schale	**Li** Lithium	**Be** Beryllium	
3. Schale	**Na** Natrium	**Mg** Magnesium	**III**

Rallye durch

Hartmut

Nebengruppen

IV	V	VI	VII	VIII

III
B Bor
Al Aluminium

das PSE

Scheible

VIII	VIII	I	II

Hauptgruppen

IV	V	VI	VII	VIII
				He Helium
C Kohlenstoff	N Stickstoff	O Sauerstoff	F Fluor	Ne Neon
Si Silicium	P Phosphor	S Schwefel	Cl Chlor	Ar Argon

4. Schale	**K** Kalium	**Ca** Calcium	**Sc** Scandium
5. Schale	**Rb** Rubidium	**Sr** Strontium	**Y** Yttrium
6. Schale	**Cs** Caesium	**Ba** Barium	Lanthan-reihe
7. Schale	**Fr** Francium	**Ra** Radium	**Ziel** Actinium-reihe

Ti Titan	**V** Vanadium	**Cr** Chrom	**Mn** Mangan	**Fe** Eisen
Zr Zirconium	**Nb** Niob	**Mo** Molybdän	**Tc** Technetium	**Ru** Ruthenium
Hf Hafnium	**Ta** Tantal	**W** Wolfram	**Re** Rhenium	**Os** Osmium
Rf	**Db**	**Sg**	**Bh**	**Hs**

Co Cobalt	**Ni** Nickel	**Cu** Kupfer	**Zn** Zink	**Ga** Gallium
Rh Rhodium	**Pd** Palladium	**Ag** Silber	**Cd** Cadmium	**In** Indium
Ir Iridium	**Pt** Platin	**Au** Gold	**Hg** Quecksilber	**Tl** Thallium
Mt				

Ge Germanium	**As** Arsen	**Se** Selen	**Br** Brom	**Kr** Krypton
Sn Zinn	**Sb** Antimon	**Te** Tellur	**I** Iod	**Xe** Xenon
Pb Blei	**Bi** Bismut	**Po** Polonium	**At** Astat	**Rn** Radon